Rolf Friedrich Schuett

Wie gut siehst du, wie schlecht du siehst?

Europäische Moralisten und ein Ende?

Rolf Friedrich Schuett

Wie gut siehst du,
wie schlecht du siehst?

Europäische Moralisten und ein Ende?

Bibliographische Information Der Deutschen Bibliothek:
Die Deutsche Bibliothek verzeichnet diese Publikation
in der Deutschen Nationalbibliographie; detaillierte
bibliographische Daten sind im Internet abrufbar über
http://dnb.ddb.de

Herstellung und Verlag :
BoD – Books on Demand, Norderstedt

Printed in Germany

ISBN 978-3-7562-2699-3

INHALT

Für Elke
in Liebe und Dankbarkeit

Heile Philosophien für Krebskranke oder geisteskranke Philosophien für Kerngesunde?

Den Gebrechen gebricht es etwas an Gesundheit. Krankheit ist temporär oder chronisch beeinträchtigte Leistungsfähigkeit zu gesellschaftlichen Rollenspielen, durch organische oder psychische Funktionsstörungen von Organen oder auch des Gesamtorganismus. Krankheit ist Schwäche und Hinfälligkeit zwischen Pathos und Pathologie, ein unentwirrbarer Mix aus wertem Sein und Sollwerten. Krankheit ist Defizit an leiblichem Wohlergehen und seelischem Wohlbefinden. Wer nicht heil ist, wird geheilt oder nicht. Gesundheit ist mehr and anderes als Pflegeunabhängigkeit und Mangel an Krankheiten. Sie ist heute die spezifische Geisteskrankheit aller Genuss- und Erwerbsfähigen mit ihren Selbstoptimierungsmöglichkeiten, Kompetenzen und Lebenszielen.

Max Horkheimer wies einmal beiläufig darauf hin, dass Philosophie eigentlich immer nur Philosophie für gesunde Menschen bedeutete. Was aber könnte sie dann bedeuten etwa für chronisch Schwerkranke, Moribunde oder gar Hypochonder, für Blinde oder Krüppel, Schizophrene oder Manisch-Depressive, Krebspatienten oder gar stationäre Pflegefälle, Schlaganfallopfer oder auch nur für passagere Unfallopfer? Ist die Philosophiegeschichte dazu nur etwas zu modifizieren und anzupassen in einigen Unterkapiteln, oder sind manche Philosopheme besonders anschlussfähig an bestimmte Krankheitsbilder?

Welche Metaphysik hilft physisch Kranken potentiell wieder auf die Beine? Welche Denker oder Philosophieprofessoren haben nachweislich kurative oder prophylaktische Wirkungsgeschichte gemacht? Pflegt ein optimistischer Jaspers der Grenzsituationen den suizidgefährdeten Melancholiker besser als ein misanthropischer Schopenhauer des verneinten Lebenswillens? Unterstützt der nihilistische Nietzsche den immer wieder rückfälligen Bipolaren erfolgreicher als der thomistische Religionsphilosoph? Erhofft man sich von der Religion Heilung wie das Heil? Mancher macht sich krank, um nicht handeln zu müssen, oder ist man nur engagiert in die Bekämpfung seiner Gebresten, die Engagements behindern?

Gibt es so etwas wie einen Platonismus des Geisteskranken mit fixen Ideen oder einen spezifischen

Materialismus somatischer Störungen? Ist ein Rationalismus von Schizophrenen sinnreich oder ein Empirismus von lebenslangen Rollstuhlfahrern, sogar ein *linguistic turn* für Taubstumme? Was wäre mit einem Stoizismus oder Epikureismus von dauergeschädigten Infarktopfern, mit transzendentalem Subjektivismus der Befindlichkeiten gegen den Naturalismus objektiver Laborbefunde, mit Dialektik von Diagnose und Diätetik, von Krankheit und Gesundheit?

Wer entwickelt einen Existenzialismus kipplabiler Existenzen zwischen Lotterbett und Krankenbett? Wer vertritt einen Neopositivismus positiver oder negativer Laborwerte, den Strukturalismus der Kliniken und Biopolitiker, einen Dekonstruktivismus von Symptomen, Heilmethoden, Therapiekonzepten und REHA-Kuren? Gibt es eine "Kritische Theorie" von Gesundheitskrisen?

Blinde werden hellhöriger. Adlers „Organminderwertigkeiten" werden gut und gern überkompensiert durch forcierte Entwicklung ganz besonderer Fertigkeiten und Geschicklichkeiten. – *Nietzsche* kränkelte lebenslang unter wahrscheinlich syphilitischer Paralyse und entwickelte dazu eine Kompensationsmetaphysik von outrierter Übergesundheit.

Wie sähe Philosophie denn als leidenschaftslose Weisheit menschlicher Leidensgeschichten aus? Kant sah uns qualvoll leiden an wahllosen Leidenschaften und getrieben von unseren eigenen Trieben. Der antike Arzt Hippokrates machte die Medizin zu Aphorismen, Kant hingegen den geistreichen Witz zur wirksamen Medizin. In Lachen und Scherzen sah er eine Arznei von Herzen gegen die Schmerzen menschlichen Elends.

Was denkt der Mensch, wenn er nicht mehr handeln kann, sondern behandelt werden muss und seine ganze Praxis nur noch in einer ärztlichen Praxis stattfindet? Denkt er sich eine heile Welt, heiliges Heil oder an heile Knochen? Was, wenn sein Rückgrat zu gebrochen ist, um Zivilcourage zu beweisen, und wenn die aufreizenden Übel der zerbrochenen Welt ihm Übelkeit und Brechreiz bereiten? Macht die Gangunsicherheit seine Erkenntnisse ungewisser und jedes angedrehte soziale Schwindelgeschäft ihm anhaltenden Drehschwindel? Können unerträgliches Kopfweh und erzphilosophisches Kopfzerbrechen einander verstärken? Die Kausalität lässt sich auch untersuchen durch Krankheitsursachen und Wirkstoffe. Manche gesellschaftlichen Aktionen werden zu chirurgischen Operationen am offenen Herzen und *Occams Messer* zu scharfen

Skalpellen. Wer an der Allgemeinheit leidet, geht zum approbierten *Allgemeinmediziner*?

Wenn nichts mehr geht, liegt es zuweilen an arteriellen Verschlussleiden. Ärztliche Anamnese von Krankenvorgeschichten spiegeln wohl auch Platons Anamnesis der Präexistenz. Wittgenstein sah Philosophie als Sprachtherapie. Die philosophischen Hauptrollen von Haupt, Brust und Bauch verhalten sich wie physiologische, psychische und psychiatrische Insulte. Der Mensch zwischen Leben und Tod hängt zwischen Exitus und Vitalfunktionen. Wie sieht eine gute Philosophie aus, wenn es dir nicht gut geht? Ist immer wirklich gut, was nur gut tut und geht! Bin ich moralisch schlecht, wenn es mir gesundheitlich schlecht geht? Die heile Welt ist ja nicht alles, was der Krankheitsfall ist, und wann wird Heideggers „Haus des Seins" zum Krankenhaus für Sprachgestörte? Wie passt die ontologische Demenz zu Heideggers „Seinsvergessenheit", und kann das große Blutbild zum kleineren Weltbild führen wie falsche Sehweise augenblicklich zum Augenarzt? Wie verhält sich eine Philosophie des Autoritätsgehorsams zum niedergelassenen Ohrenarzt?

Pascals „Herz hat seine eigenen Gründe", zum Kardiologen zu gehen und zum Nephrologen, wenn das Leben nur an die Nieren geht. Haben Nervenärzte die rechte Philosophie, wenn die Welt dir nur noch auf den Geist geht? Musst du zum Proktologen, untersucht er die Hinterngründe der Hinterwelten? Wenn deine Weltanschauung zur Krankenzimmeranschauung schrumpft und die begriffliche Konfusion der Transzendenz zu handgreiflichen Bluttransfusionen? Was denkt das menschliche Geschlecht über die schlechte Scheißwelt der Geschlechtskranken? Was manchem zu tief unter die Haut geht, sagt die dermato-logische Philosophie. Was soll Krebs mit den Metastasen der Metaphysik?

Aristoteles litt und starb an lebenslanger Magenkrankheit, Descartes hatte eine zarte Gesundheit und starb ebenso vorzeitig an einer Lungenentzündung. Spinoza litt lange und starb auch an der Lungenschwindsucht durch Glasstaub beim Brillenschleifen. Leibniz dachte nach unter schmerzhafter Gicht, und sein kongenialer Erbe Wittgenstein starb früh an unbehandeltem Prostatakrebs. Hegel schnupfte beim Denken cannabishaltigen Tabak, bis er früh an der Cholera starb. Walter Benjamin dachte nach im Haschischrausch, Sartre unter der Droge Peyotl-Meskalin und Unmengen von aufputschenden Amphetaminen. Der Couch-Freud kokste wie Migräne-Dionysos Nietzsche.

Aufklärung : Verstand spenden, den man nicht hat?

Wer hat Verstand zu "spenden", also zu verschenken? Wer ist da Verstandesempfänger, wer braucht etwas mehr Verstand, und wer bittet oder betet eigentlich um mehr Verstand statt Wohlstand? Welches Problem verlangt Verstand, und wer glaubt keinen zu haben? Wer hat überhaupt genug Sinn und Verstand, um davon noch etwas auszuteilen? Man *muss* Steuern zahlen, aber *kann* Verstand statt Blut oder Geld (oder Blutgeld) spenden? Wer steht nicht auf Verstand, und wer hat mehr Glück als Verstand?

Ein anderes Wort für Verstand war mal "Witz", also Geist und Esprit, der mehr ist als Infotainment oder dröge Aufklärung. Franzosen seit Montaigne haben mehr Sinn dafür als schwerfällig gründliche und betulich seichte Deutsche seit Wolff.

In seinen „Vorlesungen über die Geschichte der Philosophie" schrieb Hegel übers Aufklärungszeitalter:

„Lebhafter, bewegter, geistreicher ist die französische Philosophie; oder vielmehr ist sie das Geistreiche selbst ... Was daher in den französischen philosophischen Schriften ... bewundernswürdig ist, ist diese erstaunliche Energie und Kraft des Begriffs gegen die Existenz, gegen den Glauben, gegen alle Macht der Autorität seit Jahrtausenden ... Bei den Deutschen finden wir Quäkelei ... Die französische Philosophie hat eine negative Richtung gegen alles Positive, gegen Religion, Gewohnheiten, Sitten, Meinungen, gegen den Weltzustand in gesetzlicher Ordnung, Staatseinrichtungen, ebenso gegen Kunst ... Wir Deutschen sind passiv erstens gegen das Bestehende, haben es ertragen; zweitens, ist es umgeworfen worden, wir haben es uns nehmen lassen ... Die Deutschen, die ehrlicherweise die Sache recht gründlich machen wollten und an die Stelle des Witzes und der Lebhaftigkeit eigentlich nicht beweisen, bekamen auf diese Weise einen so leeren Inhalt in die Hände, dass nichts langweiliger als diese Behandlung sein kann ... es ist steife Pedanterie. Die deutsche Aufklärung, welche ohne Geist mit verständiger Ernsthaftigkeit und dem Prinzip der Nützlichkeit die Ideen bekämpfte, brachte auch die Metaphysik zur letzten Leerheit herunter ... bis Kant der Philosophie in Deutschland einen neuen Anstoß gab."

(Theorie Werkausgabe Band 20, Frankfurt/Main 1971, S. 287 ff.)

Wie bringt man solche aufklärende "Spende" von einem Kopf zum anderen ohne lobotomische Hirntransplantation und -trepanation oder gar Gehirnwäsche? Verstandesaustausch statt Gedankenübertragung und Meinungsaustausch? "Gesunder Menschenverstand" ist meist nicht weniger Ideologie als "gesundes Volksempfinden", also die vorherrschende Geisteskrankheit des Normalverbrauchers, der zu denken glaubt und nichts zu verschenken hat.

Verstand ist Intellekt, und Intellektuelle, die ihren ungebetenen Senf zu allen öffentlichen Angelegenheiten geben, genießen hierzulande seit jeher einen denkbar schlechten Ruf bis üble Nachrede. Sie gelten, ohne wissenschaftliche Sachverständige vom Fach zu sein, als anmaßend überhebliche Besserwisser, eitle Klugscheißer und Möchtegernegroß, weil sie fast die einzigen Individuen unter lauter massenmedial dressierten Herdentieren zu sein scheinen, eher eine Utopie als eine Arroganz. Intellektuelle Allzweckwaffen wollen uns Verstand spenden, aber die Massenmedien ebenfalls, und oft sind beide eng verbandelt im Auftrag einer Koalition aus Politik und Kapital. Aber hier wird jetzt keine allzu beliebte

und wohlfeile Experten- und/oder Medienschelte
geboten – selbstverständlich von selbsternannt höhe-
rem Verstand aus, der häufig wieder nur eine kaschierte Wichtigtuerei ist.

Kant, der ja selbstverständlich Verstand hatte,
verstand den Verstand als Denkvermögen, abstrakte
Allgemeinbegriffe aus konkreten Anschauungen zu
bilden oder auf sie anzuwenden und dann zu Urteilen zu verknüpfen, aus denen in logischen Schlüssen
die Vernunft andere Urteile gewinnen kann. Der
Verstand ist Intelligenz und Urteilskraft, besonnener
Sinn gegenüber bloßer Sinnlichkeit. Für *Schopenhauer* hat Verstand, wer Ursache und Wirkung geis-
tig richtig erfasst, also Grund und Folge. Menschenverstand ist kein „neuronales Netzwerk", das Tiere
mit ihren Instinkten ja auch haben. Kurz : Verstand
ist begriffliche Urteilskraft, Vernunft ist logische
Schlusskraft – noch ohne psychologische Ent-
schlusskraft (freier Wille).

Der Verstand lernt aus sinnlichen Erfahrungen,
„die Vernunft ist der Schluss" *(Hegel)* aus begriffli-
chen Urteilen. Kant unterscheidet *reine, theoretische
Vernunft,* die nicht ohne sinnliche Wahrnehmungen
auskomme und in objektiver Erkenntnis der (unfrei-
en) Erscheinungen münde, von *praktischer Ver-*

nunft, die nicht ohne subjektive Grundsätze (Maximen) auskomme und in Sittengesetze des freien Willens münde. Die Vernunft stehe über dem bloßen Verstand als das Vermögen der Reflexion über den „gesunden Menschenverstand". Bei Hegel ist der aufgeklärte Verstand am besten in der spekulativ idealistischen Vernunft "aufgehoben". Unsere Umgangssprache allerdings macht zwischen Vernunft und Verstand kaum einen sehr großen Unterschied. *Dummheit* ist Mangel an Urteilskraft, die alles Konkrete richtig unter Allgemeinbegriffe subsumieren oder aus ihnen ableiten kann.

Das zur allgemeinen Orientierung und Begriffsklärung.

Hat ein Aphoristiker Verstand ("Witz"), verschenkt er ihn selbstverständlich, auch wo er mit Verstand über den Verstand spricht, den seine Kritiker spenden wollen, ohne ihn zu haben. Solcher Aphoristiker ist ein Aufklärer über die Aufklärung, die andere spenden wollen, welche vielleicht zu wenig Verstand haben, um das zu verstehen?

Niemand kann mir einen Verstand spenden,
den er mir raubt, doch wer hat schon Verständnis
für bloßen Verstand?

Die meisten Menschen haben gar nicht
den bloßen Verstand, den sie verachten.

Gesunder Menschenverstand ist die dichterische
Freiheit nüchterner Menschen.

Fast gesund ist der Menschenverstand, der den
Widerstand seines Gegenstandes, verstanden zu
werden, versteht und dennoch bricht.

Aus Verzweiflung über zu wenig Verstand
hat sich noch niemand umgebracht.

Wer hat so viel Verstand zu verlieren,
dass dafür die Lebenszeit nicht ausreichte?

Der Fromme genießt seinen Verstand,
von diesem auf einen höheren zu schließen.

Auch Köpfe kommen schon wieder vor —
das Verstandgericht.

Stolz bin ich weniger auf das Schwein, das ich
bin, als auf meinen Verstand, der das erkennt, und
meinen Mut, der das bekennt.

Jeder braucht wenigstens so viel Verstand,
ihn bei sich selbst zu vermissen.

Dein Verstand ist nur so groß
wie dein Verständnis für meinen.

Eine Welt voller Technik ohne Ethik
braucht nicht mehr Moral ohne Verstand.

Anständiger Abstand vom Gegenstand
ist Verstand oder Wohlstand oder Ruhestand.

Der Aphorismus ist die kürzeste Verbindung
zwischen zwei Verstandpunkten.

Mut und Verstand lassen sich nur schwer vortäuschen. Verständnis und Demut finden deshalb mehr Verständnis.

Das Unverständliche an der Welt
sieht allein der Verstand.

Wer nur seinen Verstand verloren hat, ist noch nicht so verrückt wie einer, der nur seinen Verstand noch nicht verloren hat.

Wer hat mehr Verstand,
als ihn bei sich nicht zu vermissen?

Verstand hat, wer mit jeder praktischen Lösung
seine Probleme hat.

Man will von dir verstanden werden
und fürchtet deinen Verstand.

Der Verstand rebelliert gegen Vernunft
wie Sinnlichkeit gegen Sinn und Verstand.

Der Philosoph ist ein Psychiater, der Geistes-
krankheiten diagnostiziert, wo andere den gesunden
Menschenverstand sehen – oder umgekehrt.

Man treibt Unzucht, um nichts als den Verstand
zu verlieren, und Mathematik, um alles außer dem
Verstand zu verlieren.

Man treibt Unzucht, um nichts als den Verstand
zu verlieren, und Mathematik, um alles außer dem
Verstand zu verlieren.

Phantasie erfindet die Vergangenheit,
Verstand erklärt die Zukunft.

Gewinn und Verlust rationalisieren Lust
und Leiden(schaft).

Aufklärung macht rationale Entmythologisierung
zu atheistischem Mythos.

Wer seine Verdrängungen rationalisiert,
verdrängt auch seine Vernunft.

Wo sind Nacht und Wahnsinn besser aufgehoben
als bei Rationalisten?

Sei klüger als dein IQ und nicht so schlau
wie dein Irrationalismus!

Es ist unvernünftig, die Ratio überall
oder nirgends zu wünschen.

Heute will jedes *animal rationale* gerade
noch eine *ratio animalis* haben.

Auch ein Kant rechnete mit Menschen : Sein
Verstand integriert, was seine Sinne differenzieren.

Verstand bringt andere dazu, ihn zu verlieren
und dafür Verständnis zu haben.

Das meiste Verständnis hat man
für Unverstandenes.

Mit Verstand verstanden hat mich, wer mich
widerlegen kann und meine Grenzen sieht.

Der Verstand ist so vernünftig, Wahrnehmungen
nicht für bewährte Wahrheiten zu nehmen.

Unser Verstand hat nur die Grenze,
sich keine zu setzen.

Vernunft ist *ultima ratio* der unrationellsten
Verfahren.

Gottes Verstand wirkt wie menschliche Einfalt
und menschliche Bosheit wie Satans Güte.

Den Verstand, den man über nichts verliert,
hat man schon verloren.

Bediene dich deiner eigenen Gefühle,
doch lass dich von deinem Verstand beherrschen.

Um ganz Vernunft anzunehmen, muss man
schon halb Herz, halb Verstand verlieren.

Wie kann man Irre zur Vernunft bringen, ohne
ins Irrenhaus zu kommen, und wie Vernunft reali-
sieren, ohne sie zu rationalisieren?

Was vermag Vernunft gegen Rationalisierung
und gesunder Verstand gegen bloßes Verständnis?

Ich suche Vernunft und fliehe Rationalisten,
liebe Empiristen und fürchte die Erfahrung.

Kleinere Vernunft der Schlauheit
verschlingt größeren Verstand der Weisheit.

Handeln ist der Verstand der Narren
und Nichtstun die Berufung des Geistes.

Kinderquatsch ist die Sehnsucht
von allem Sinn und Verstand.

Man versteht es, sich und einander ohne
Verstand zu verstehen, einverstanden?

Dummheit hat eine *Weltanschauung,*
Menschenverstand eine Philosophie.

Wer sich dabei noch etwas vorstellen kann und
muss, kann und muss noch gar nichts verstanden
und begriffen haben.

Auf Verstandesämtern scheiden sich die Geister.

Wer Vernunft und Verstand bevorzugt,
sollte sich fragen, ob es damit gegen
das Gefühl oder den Glauben geht.

Gott gab uns freien Willen, damit wir irren,
und klaren Verstand, damit wir uns auch darüber
irren können.

Die Epoche bestimmt Themen, die verstanden
werden können. Wer Verstand hat, wählt Themen,
die zur Zeit nicht verstanden werden wollen.

Jeder muss sich mal entscheiden, ob er lieber
missverstanden oder durchschaut sein will.

Irrenhäuser sind voll von messerscharf schlie-
ßenden Logikern, die ihren Unverstand verloren
haben und keine Unvernunft annehmen wollen.

Ein hohler Kopf enthält nur noch
gesunden Menschenverstand.

Soziale Vernunft nehmen alle an,
die volles Verständnis dafür haben,
ihren halben Verstand zu verlieren.

Was Unverständigen die Erfahrung sagen muss,
sagt Unerfahrenen selten der Verstand.

Man ist nicht klug genug, seine geisteskranke
Dummheit zu sehen, doch nicht dumm genug, seinen gesunden Menschenverstand zu übersehen.

Den Verstand sah Schopenhauer im Dienst des
Willens, also den Menschen klug genug, sich von
seiner Dummheit besiegt zu sehen.

Ist es folgerichtig, logisch zu denken,
oder vernünftig, Vernunft anzunehmen
von dir und Verstand zu verlieren wie ein Spiel?

Habe ich Glück oder Krebs? Dem gesunden
Menschenverstand liegt die Wahrheit auch hier in
der goldenen Mitte.

Aus wahrem Sein hinter schönem Schein wurde
das Verdrängte hinter den Rationalisierungen.

Animal rationale: schlauer Fuchs, aufgeklärter
Lastesel, durchtriebene Triebe, animalische Wurzeln
oder rationalisierte Tierhaltung?

Vernunft ist der Tic, Andersdenkende
als Irrationalisten wahrzunehmen.

Niemanden zur Staatsraison zu bringen,
ist im Rechtsstaat irrational.

Der einzige rationale Nutzen von etwas
ist der praktische Nutzen nicht *von* reinen
Theorien, sondern *für* reine Theorien.

Machthunger und Freiheitsdurst setzen jeden
auf halbe Ratio.

Rezension einer Philosophie-Olympiade

Eine Philosophie ist eine universelle begriffliche Hypothese und gewagte Theorie des Ganzen der Welt und unserer Stellung samt Befinden darin.

Erstaunt hat mich, dass ein Autor, der unserer Phantasie als Dichter so viel Kredit gibt, als Denker so bieder pragmatisch bleibt, einem klaren, aber wenig originellen Sir Popper die Goldmedaille in Berufsdenkerei zu verleihen. Dessen "offene Gesellschaft und ihre Feinde" degradiert fast alle Großen der Philosophiegeschichte zu unnützen Spinnern, obskurantistischen Dunkelmännern oder mordsgefährlichen Ideologen (wie es jeder Spießer tut, der stolz ist auf seinen "gesunden Menschenverstand"). "Piecemeal-engineering step by step" : Falsifizist Popper ist ja eher ein pragmat(ist)ischer Wissenschaftstheoretiker als ein Philosoph im üblichen Sinne : So tollkühn die technischen Projekt(il)e, so angelsächsisch platt die philosophischen Projektionen wie beim leichten, seichten John Locke. Popper holt die Hochwohlgeborenen auf den (nicht mehr fliegenden) Teppich eines naturwissenschaftlichen Lebensberatungsbüros herunter.

War er nur ein nicht besonders hochgeschätzter Epigone des positivistischen „Wiener Kreises"?

Ein untragisch "positives Denken"? Glücklicher wird dabei niemand und klug daraus auch nicht. Weisheit ist grau.

Dagegen griff ein Aristoteles hoch wie Platon und blieb dabei down to earth wie ein praktikabler Sophist. Nur Wolkenkratzer sind Bergwerksschächte des Denkens : Philosophie ist ein Gedankengang, der Weitsprung und Tiefgang zum Ursprung nur durch Hochsprung erreicht - ein paradoxes Geschäft. Wer tief genug bohren und blicken will, muss begrifflich hoch genug hinaus(greifen) – bis es uns zu hoch ist.

Gefreut hat mich die Bronzemedaille und Ehrenrettung für die demokratischen Sophisten gegen Machtmensch Platon. Sie verteidigten das starke Argument des Schwachen gegen das schwache Argument des Starken ...

Die Silbermedaille an Ur-Essayist Montaigne, Stilaphoristiker Nietzsche und Montaigne-Schüler Shakespeare kam dann nicht mehr ganz überraschend : Drei europäische Moralisten gegen die

heute (zu Unrecht) so verrufenen großen System-
konstrukteure.

So pessimistisch wie viele sehe ich die bisherige
Philosophiebilanz aber nicht. Wie viele Denkbarkei-
ten wurden durchgespielt und wie viele Sackgassen
erforscht, wie viele hypothetische Mutmaßungen
erprobt! Aber seit das "nachmetaphysische Zeitalter" der physikalistischen Humanisten ausgerufen
ist, wird Philosophieren trivial und überflüssig, eine
harmlose Bastelspielerei für gelangweilte Langwei-
ler. Philosophie, die keine metaphysische Fallhöhe
mehr riskiert wie etwa bei Platon, Spinoza oder
Hegel, versteht ohne Spannkraft nicht einmal das
Ebenerdigste, Niedrigste und Unterste. Ein rationa-
ler Konsens der Philosophen ist weder notwendig
noch wünschenswert. Hauptsache, die maßgebende
Idee einer "absoluten Wahrheit" wird niemals ganz
aufgegeben – vor lauter subjektiven Perspektiven,
praktischer Fruchtbarkeit und polemischer "Gigan-
tomachia" (Platon) ...

Nur zwei relativistisch unterschiedliche philosophische Temperamente?

Popolitik in Poesie, Popoesie in Politik?

Siegerschleife

Der Mann braucht erst Seife,
dann Reife zur Steife,
riskiert sonst Gekneife,
vom Weib nur Gekeife,
gar polizeiliche Streife!
Ist das hier 'treife'
Schweinereife?

(Mehr polierte Politesse
und ungereimt' Finesse
in der frechen Fresse
statt Politik und Polizei
in der elend' Reimerei!)

Poesie bleibt l'art-pour-l'art,
wie sie ja schon immer war,
in der politischen Jagd
keine politische Magd,
nicht politisch "engagiert"
und ohne Gage unblamiert,
denn Politik hat keine Musen
im luftigleeren Stammtischbusen,
wo sie lyrisch kannegießert
und den Leser nur verspießert.

Aphorismenband : **Expansion der Verdichtungen, Inflation der Konzentrationen**

Niedergang geht bergab, ist also schon über den Berg und auf dem ebenen Weg zum fleißigen Müßiggang.

Lieber Pfarrer mit Orgelpfeifen
als Pfeifen mit Trillerpfeifen!

Arbeitszeit ist Pausenbrotzeit. Für Brot und Kot sind Arbeitspausen zu schade.

Selig sind die Charakterlosen, denn auch sie sind sanftmütig und friedfertig wie die Feiglinge!

Viele Krankheiten sind heilsame Unterbrechungen von Schlendriantrott.

Dairy Farming ist die Milchmädchenrechnung der Agrarindustrie, und *Dairy Girls* geben zu viel Milch.

Der Materialismus siegt dort, wo man Waffen übereinander siegen lässt statt Feiglinge über Helden.

Verwechslung von Herr und Diener dient herrlicher
Abwechslung und probt schon den herrschaftlichen
Wechsel.

„Quo vadis, Domine?" Er ging ins Himmelreich
und nahm nur die armen Teufel mit.

Orientierung kam stets aus dem Orient,
und die Sonne geht stets im Abendland unter.

Die Bibel deutet das Wort Gottes inspiriert, und
Theologie ist nur die Deutung dieser Deutung.

Kapitalismus : Herren bleiben ständig die Herren.
Sozialismus : Knechte werden und bleiben ständig
die Herren. *Monotheismus* : Herren und Knechte
wechseln ständig ab – unter ihrem Einen HErrn.

Christi „Gnadenjahr" (Lk 4,18 ff) will das alttesta-
mentarische „Erlassjahr" (Lev 25, Jes 61,1) erfüllen.

Arm am Beutel, arm am Geiste. Jesu spiritueller
Reichtum liegt in seiner handfesten Armentheologie.

Einzige Legitimation der reichen Kirche
verkündigt ihre Armenhilfe.

Wo transzendiert Transgender Vater, Mutter, Kinder?

Das Meer kennt mehr Stoßwellen-
als Dauerwellenspiele.

Die Macht der Naturgesetze verlangt keinen
antiautoritären Aufstand.

Überrumpelung : Erwartete Überraschungen können
überraschend ausbleiben.

Himmelswarnung : Das Schwein ist unrein,
Saugutes ist nicht sau-ber.

Die Klage, es werde zu viel Quark gequatscht,
ist breitgetretener Quark.

Die Amtsordnung des Ordnungsamtes wird ge-
braucht von unordentlichen Bürgern, die sich von
geordneten Leuten außerordentlich bedroht fühlen.

Fehlt ein Amt zum geordneten Schutz
von ordentlicher Unordnung?

Lichterloh brennt das gescheite *Licht der Vernunft*
auf dem Scheiterhaufen der Gescheiterten.

Ein *Curriculum* macht den Lebenslauf nicht nur
lebenslanger Stubenhocker zum Lehrplan.

Tragödien, die possierlichen Possen der Gebildeten.

Burleske ist ungebildete Groteske, die Erhabenes
mit Spott wieder auf den Pott setzt.

Zäh tut der Zeh weh, stößt er starrsinnig an Steine.

Ein Minimum an Pech und Dummheit ist das men-
schenmögliche Maximum an Glück und Klugheit.

Dehydrieren heißt nicht, der Hydra oder dem Hyd-
ranten den Kopf abschlagen, sondern austrocknen
statt saufen und trotzdem lang hinschlagen.

Toren wie Taugenichtse sind vielleicht die Lieblinge
des Himmels und das Salz der Erde.

Menschen sind Kannibalen, da sie sich zum Fressen
liebhaben und dann doch ungenießbar finden.

Freiheit fesselt uns so sehr, dass nur Fesselndes kurz
von der Langeweile befreit.

Liebe schaukelt zwischen Sucht und Sehnsucht, bis
teure Liebesschaukeln nur noch billige *sex toys* sind.

Inliner machen Leute,
die sich für Rollschuh-Insider halten.

Laute gutturale Laute aus durchschnittenen Kehlen:
Das ist Entertainment!

Wenn Flügel Wurzeln schlagen,
können Wurzeln Flügel schlagen.

„Friede seiner Masche!", ruft man jeder alten Flasche
nach ins Grab.

Frauen folgen Hungermodels schwuler Modeschöp-
fer, nicht üppigen Weibsidolen der Männermehrheit.

Idiot savant. Ein Schlüpfer ist noch nicht schlüpfrig,
doch Lebenslust zu wenig lüstern, um frech zu sein.

Wer seine Haltung bewahrt, wenn alle um ihn herum
sich vor Angst, vor Zorn und vor Lachen nicht mehr
halten können, ist ein Charakter oder Sturkopf.

Abtreiber und Waffennarren sind so frei zu töten.

Cartesianische Ergotherapie : Ich denke tiefer,
ergo bin ich höher.

Die Achillesferse liegt meist eine Beinlänge höher.

Es gibt zu wenige Kriegs- und Geisteshelden,
weil es zu viele *Alltagshelden* gibt.

In Hochkulturen überlebte bisher keine Demokratie,
die nicht durch Plutokratie plus Expertokratie
system(at)isch verzerrt wird.

Wo Leute sich tummeln, fummeln sie bummelnd
aneinander herum oder hauen ab.

Reißt das Herz oder ein Tee die beengte Brust
zum weiten Himmel auf?

Otto Normalverbraucher und jede olle Norm
missbrauchen einander.

Man hat es heute lieber spirituell als intellektuell,
realistisch als reell, virtuell als ideell und
naturalistisch als natürlich.

Ist mathematische Logik noch deprimierender
als die Weltgeschichte?

Silberbesteck ist giftig, giften eiserne Goldschmiede
wie Blechfabrikanten.

Beredtes Schweigen lässt sich vergolden, nichts-
sagendes Gerede versilbern. Taubstumme Quasselstrippen kriegen als Vielschreiber nur Bronze.

Etiketten und Goldkettchen, die fesselndsten Ketten.

Dass Orgasmen die besten Todesmasken sind,
hat selbst Hegels Dialektik nicht ausgenutzt.

Quadratur des Kreises: Auch kantige Leute drehen
sich ewig im Kreise, wenn es bei ihnen rund geht.

Demokratie heißt Herrschaft der Mehrheit mit
Minderheitenschutz, nicht Minderheitenherrschaft
mit Mehrheitsschutz.

Messgenauigkeit ist das gefährlichste Ungefähre.

Jeder freie Wille oder Gedankengang ist ein zum
Tode verurteilter Freigänger des irdischen Kerkers.

Hochbetagt und tiefumnachtet und morgen
stets ein junger Morgen?

Minimiert das Optimieren und seht
Chancen als Gefahren!

Plaudern, zaudern und zagen kommt weiter
als wagen und dann klagen.

Bescheidenheit ist eine Zier oder gut versteckte Gier.

Nennen maulfaule Handarbeiter Geistesarbeiter
Faulpelze, ist etwas oberfaul bei ihnen.

Auch alles heile *Ganzheitliche*, das aufs Ganze geht,
wird leicht ganz totalitär.

Recht und Gesetz im Frieden wird nur mit Gewalt
etabliert und bewahrt.

Herr ist, wer uns unter lebenslanger Todesdrohung
zwingen kann, ihn anzuerkennen. *Knecht* ist,
wer nur sein Arbeitsmaterial bezwingen kann.

Oberschicht : Herren, die nicht auch Knechte sind.
Unterschicht : Knechte, die nicht auch Herren sind.
Mittelschicht : Knechte, die auch Herren sind.

Das verfolgte gemeine Volk fuhr im erfolgreichen
Volkswagen in die folgenreiche *Volksgemeinschaft*.

Dass alles umsonst war, gibt es stets umsonst.

Angsthasen rasen in ihr Schneckenhaus,
wo schon die Igel und Jäger sitzen.

Demokratie heißt nicht das Mehrheitsrecht,
sie abwählen zu dürfen.

Jede Stadt spricht eine andere Sprache
als ihre Bewohner.

Zynismus ist aggressiver Realismus,
der mit seiner Ehrlichkeit prahlt.

Nimmt der Crack nur Crack in Crackern,
ist die Hochform weg.

Je höher der Betrag, desto niedriger das Betragen; je
unerträglicher der Vertrag, desto schlechter der Ertrag

Mal quält, dass er fehlt, und mal fehlt, dass er quält.

Unwillkürliches Gesichtszucken ist ein lästiger Tic.
Noch ein Tick mehr, und man ist beim Achselzucken,
komme was wolle.

Literatur ist, was du erst übermorgen liest, Journalismus ist, was du schon morgen nicht mehr liest.

Ein Nichts genügt, mich umzuwerfen, nichts genügt.

Stirbt ein Mensch, der uns lange begleitete,
gleiten wir gleich zurück in die Zeiten davor.

Jesus versprach den Armen nicht nur ewig Geistreiches, sondern auch das Erlassjahr ihrer Schuld(en).

Bekämpft Antisemitismus nur die Sprache,
in der der Ewige erstmals zum Menschen sprach?

Marssonden sind besondere Magensonden für Marsmenschen. Die Financiers sondiert man noch.

Quacksalber sind die besseren Ärzte,
wo sie mehr Zeit für Quasselstrippen haben.

Kriegsgott Mars ist der Marsmensch mit dem gleichnamigen Schokoriegel, doch das *Mare Lacrimarum*
das ungetrocknete Tränenmeer.

Gaumenfreuden ohne Bauchweh sind die beliebteste
Form der Flucht vor Geistesfreuden ohne Kopfweh.

Irgendwann schreibt irgendwer aus irgendeinem
Grund irgendetwas leserlos irgendwie irgendwohin,.

Schnöder Quatschsprech ist mundende Quarkspeis
für schöne Quasselköpfe.

Treue ist die Tugend, die nun als die Dummheit
der Unflexiblen gilt.

Beethovens Ode an die Freude ist nur noch
totgenudelte Schillermode für die Schadenfreu(n)de.

Kabarett? Kleinkunst ist Mund- und Handwerk,
Molière ist Kunstwerk.

Hummeln im Po, kann nicht bummeln,
muss sich tummeln.

Ackern : Die Trockenlegung des Säufers widerspricht
der Trockenlegung des Säuglings.

Mit Gewalt kann man fast alles erreichen, allein,
es zählt nichts. Das Opfer ist stets jenseits dessen,
was der Täter erreicht.

Wer irdische Justiz nicht mehr zu fürchten hat,
sollte ein Jüngstes Gericht noch fürchten müssen.
Das fliehen Herrschaften durch Atheismus.

Eine modifizierte *Modallogik* beginnt mit der
Unbestimmtheit von Zufälligkeit und Notwendigkeit
und Wirklichkeit, um zu verhindern, dass Möglich-
keit schon Existenz in mindestens einem Fall ist.

Gegen *Hegel* gab *Schlegel* eine „Phänomenologie
des Geistreichen" und fragmentierte „Enzyklopädien
der sophistischen Wissenschaften".

Brunst ist dem Leib, was Inbrunst dem Geist war.

Politischer Neutralismus grenzt an *Identifikation mit
dem Aggressor*, die durch Unterwerfung entwaffnen
soll, als gehorchte man nur sich selbst, wo man einer
Übermacht gehorcht – Abwehr von Ohnmachtspanik.

Lotto : glücklich verlottertes *Toto* der Fußballmuffel.

Wer seinen nackten Popo in den Po tunkt,
reinigt und verdreckt einen Po.

Mit Worten in Werken handeln, statt Taten sprechen
zu lassen, taugt mehr, falls es fehlt und tadelt.

Es sind nicht die Besten, welche sich und die Besseren zu bösen Bestien machen müssen, um sie bei
erstbester Gelegenheit besser beseitigen zu können.

Gescheite Literatur profitiert vom Scheitern des Lebens, doch das Leben nicht von Scheiterhaufenkunst.

Wer nichts erdichtet, denkt nach.
Wer an nichts denken muss, kann dichten.
Ohne beides darf man nur handeln – damit.

Der Mensch zementiert sich und das Seine bomben-
fest, doch der Himmel dementiert´s und demontiert´s
bombensicher in Bombenstimmung.

Wollte ich meinen Lesern so schmeichelnd gefallen
wie meinen Zuhörern, wäre ich mündlich so erfolglos
wie schriftlich.

War es einst schöner und schwerer,
ist es nun leichter und leerer.

Lesen bindet Greise ans Leben,
Schreiben löst sie vom Treiben.

Warmer Mund für Ohren, kalte Schrift für Augen.

Nur was er für sie tat, half ihm zu tun,
was nichts mit ihr zu tun hatte.

Der Himmel kann denen auf der Erde
ferner als denen unter der Erde sein.

Will ein Primus nicht Schlusslicht in allgemeinen
Disziplinen werden, müssen seine Sportart und er
Weltmeister auf seinem eigenen Spielfeld bleiben.

Aphorismen sind die *Schwarzen Löcher* der Philosophie, Aphorismenbände die inflationäre Expansion
des geistigen Spielraums.

Ist man unbegabter, muss man fleißiger sein, heißt es,
doch fleißig ist ja nur der Begabte.

Muss man für seinen Mörder geboren sein?

Temperamente sind unsere ehernsten Grundsätze.
Gemütsmensch, Griesgram, Wüterich und Lahmarsch
werden sich eher bekriegen als befreunden.

Jede Hand spielt ein Quintett von Langfingern,
die sich überall mit drin haben.

Die größte Sensation wäre es, wenn mal ein Jahr lang
gar keine passierte.

Einsame haben keine Helfer, doch auch keine Hilfs-
bedürftigen mehr, die ihnen nie mehr helfen könnten.

„Halunke!" ist etymologisch eine herrschaftliche
Gleichsetzung von Diener und Gauner.

Wer das All macht, hat die Allmacht und Vollmacht.

Sinn im Widersinn : Heraklit, Gracian, Laroche-
foucauld, Chamfort, Rivarol, Joubert, Lichtenberg,
Jean Paul, Fr. Schlegel, Nietzsche, Wilde, Kraus,
Kafka, Canetti, Cioran, Chesterton, Lec, *Schuett?*

Nietzsche war Autor, Regisseur, Intendant, Claqueur,
Kritiker, Schauspieler, Zuschauer und Bühne
seiner Theaterstücke. Schließlich ließ er sich
von seiner Selbstentzauberung völlig verzaubern.
Er war ein Skorpion und ist heute nicht einmal mehr
Stechmücke, aber liegt die Wahrheit des Menschen
darin, ständig neue Irrtümer erfinden zu können?
Er besaß nichts – als seine Selbstbesessenheit, in
kurzen Hochsprüngen aus dem Abgrund und zurück.
Muss man dauernd Übermensch werden, um niemals
Un(ter)mensch zu werden, sondern auch nur ein allzu
menschlicher Mensch zu bleiben? Er produzierte
ständig neue Mythen, um seine Naivität aufzulösen,
und aphoristische „Verzückungsspitzen" waren
die multiplen Orgasmen seines enthaupteten Kopfes.

Freuds Freude : Muss das Ich *Über-Ich* werden,
um kein Un(ter)bewusstes zu bleiben?

Hegel : Das Ganze erst ist das Wahre. *Schlegel* : Die
abgebrochene Spitze ist die Wahrheit des Ganzen.

Ab- und Zufälle des Lebens geben die An- und Aus-
fälle, Einfälle, Unfälle und Reinfälle des Denkens.

Muss man gleich die Quantenwelt erforschen,
um der Scheinwelt des Alltags zu entkommen?

Dem Alltag nützt allerdings am meisten,
sich nicht ständig mit ihm zu beschäftigen.

Experimentelles Naturverhör, Fehlgeständnis unter
Folter : Quanten quasseln Quatsch und Quark(s).

Wahre Kritik beginnt erst dort,
wo bisher noch niemand kritisiert hat.

Man kommt sich doch gleich viel wertvoller vor,
wenn man ein wertvolles Angebot abgelehnt hat.

Sucht zu ungewohnten Gedanken
den klarsten Ausdruck, nicht zu Binsenwahrheiten
die hübscheste Verkleidung!

Hinterm Winter steckt ein Frühling, der bevorsteht.

Ruckzuck *Sentenz* : Zickzackkurs des Angsthasen.

Okkultismus ward das Licht der Vernunft
von Ungebildeten, Aufklärung die okkulte Religion
von Halbgebildeten.

Heidegger. Wer das Sein nicht vergisst,
ist da ein Seiendes, das sich ans Nichts erinnert.

Für Gadamer. Auch Sein, das unverständlich bleibt,
ist Muttersprache und kommt zu ihr.

Nietzsche, dieser mutig verzweifelte Versuch,
das glückloseste als geglücktes Leben zu verkaufen –
durch geglückte Aphorismen darüber.
Sein Wille zur Macht über uns Sprücheklopfer
macht den Überaphoristiker Zarathustra.

Weisheit malt nicht schwarzweiß
und ist eher mausgrau als blauäugig.

Was oxydiert, gibt Elektronen ab oder nimmt Sauer-
stoff auf, was keine Sau versteht. Du brauchst Anti-
oxydantien, um nicht zu rosten oder vor dich hin
zu krebsen?

Vorstellung. Ist Feststellung unserer Stellung in der
Welt und Einstellung zu ihr schon Philosophie?

Aphorismen registrieren verborgene Heldentaten der
Schwachen wie verborgene Schandtaten der Starken.

Bei Musik immer wieder diese Empfindung,
frühere gemeinsame Stunden heute mit tieferen
Empfindungen oder wie *Proust* erst heute ihre
damalige Empfindungstiefe erleben zu können …

Denken geht besser beim Gehen und Vergehen,
Wandel kommt schneller beim Wandern.

Spricht aus dir gesunder Menschenverstand
oder nur geisteskrankes Bildungsprivileg
der Lust- und Lufthoheit?

Gebildete verteidigen gegen BILD nicht Wahrheiten,
die sie großzügig austeilen, sondern ihre Privilegien,
die sie mit Laien selten teilen wollen.

Sind menschliche Geschicklichkeiten Abwehr-
waffen oder Instrumente tragischen Geschicks?

Ist Lebenstragik dialektischer Motor notwendigen
Verhängnisses oder von dessen Aufhebung?

Aphoristische Greise? Goethe (83), Ebner-Eschen-
bach (86), Canetti (89), Chargaff (97), Cioran (84),
Benyoetz (heute 85), Uhlenbruck (heute 93) …

Rätsel : Kommt Unzeit, kommt Unrat wie Untat.

Zyklische Tragik. Die Ersten (die auf der Welt waren) werden die Letzten sein (die von der Welt verschwinden werden)? Werden also die ersten „Naturvölker" die letzten in unserem Weltalter wie im nächsten Äon sein?

Die Zimmerdecke als Deckel überm Höhenflug und Größenwahn.

Die wandernden Jäger, Sammler, Hirten und Fischer waren bis zur neolithischen Menschheitsrevolution ("Ackerbau und Viehzucht") eine Minorität von wenigen Millionen, die genug Platz auf der Erde hatten, einander ohne große Kriege und feudale Machthierarchien aus dem Wege zu gehen. Das "Zumüllen" des Planeten muss sich schon deshalb in Grenzen gehalten haben. Hätten sie sonst Jahrhunderttausende überlebt? Man muss das Nomadenzeitalter deshalb nicht idealisieren zu "edlen Wilden", aber die heidnischen "Naturvölker" hatten die Natur genau beobachtet und richteten sich nach ihren Gesetzen. Werden sie eines Tages wie verheißen wiederkehren mit ihrem verschollenen Urwissen, nachdem alle Hochkulturen an inneren Widersprüchen naturgesetzlich notwendig kollabiert sein werden, was durchaus zu vermuten steht?

Demokrit (90), Platon (80), Kant (80), Schelling (79),
Heidegger (86), Jaspers (86), Gadamer (102), Herm.
Schmitz (93) : Nur acht weise Greise?

Desiderat. *Walter Muschg* schrieb eine „Tragische
Literaturgeschichte". Wer schreibt einmal eine
„Tragische Philosophiegeschichte"?

Der Aphorismus ist Bannformel gegen überwälti-
gende Gleichgültigkeit und Übermacht von Kosmos,
Geschichte und Gesellschaft. Und da es so viele
Schrecknisse gibt, braucht es immer wieder so viele
Abrakadabra-Amulette.

Sind schwerfällige Deutsche Schwergewichte, sind
Franzosen unwichtig, da nicht schwer von Begriff?

Ich bin die ängstlichste Form meiner Überzeugungen.

Bringt Philosophie es weiter als bis zur Hoffnung
auf Handeln, wird sie Religion.

Alles gerecht : Wer etwas hat,
darf sich nicht mehr danach sehnen.

Verlangt es die Gerechtigkeit, moralisch gut zu sein?

Ist Luft nur die leichteste Form von Erde
und Lüge die falscheste Spielart von Wahrheit?

Was war zuerst da, das Huhn oder das Ei? Am Anfang war die Hühnerei oder der Wasserhahn im Korb.

Schadenfreudenspender sind noch keine
leidenschaftlichen Schädlingsbekämpfer.

Grundfalsche Urteile sind der Wahrheit näher
als die plausibelsten.

Erbsündenfall. Seit die Nomaden sesshaft wurden,
nahm das feudale Debakel des Menschen seinen
Lauf. Das touristische Industriezeitalter vollendet es.

Jugend vergleicht die vielen Bäume des Waldes,
Alter sieht die vielen Wälder vor lauter Baumverfall.

Kind will groß werden, doch Kinderquatsch ist die
geheime Sehnsucht aller Wissenschaft und Bildung.

Zur Freiheit verurteilt, legt dich *Sartres* Freispruch
in Ketten oder Goldkettchen.

Die tiefste Sehnsucht aller Klugheit ohne Schlauheit
ist höhere Torheit ohne Dummheit.

Deutsche lieben Ermahnungen und Abmahnungen,
Mahnmale, Mahnschreiben und Mahnwachen.

Grundlos ist nicht einmal der Abgrund
unter den Füßen.

Sind aufrechte Ideen, die nur in keine Köpfe
eindringen können, schon impotent?

Unser Verstand bastelt an seinen Tyrannen von
morgen, Maschinen, die mehr Verstand haben
als er selbst. Er reicht also nicht aus, solchen tyran-
nischen Überverstand nicht zu entwickeln, der uns
nicht mehr bescheren will als autonome Befehle an
dich und mich – nolens volens? Immerhin warnte
selbst ein *Stephan Hawking* vor der **KI** von übermorgen, dem point of no return. „Nur ein Gott kann
uns noch retten." (ausgerechnet *Heidegger*)

**_Rara et Ignota_ :
Übersicht über Übersehenes**

Unternehmungslust Untergebener bekämpft den
Unternehmergeist und ist lästiger Übernahmefrust.

Ein Riss im Kleid ist kein Riss in der Wand, ein
Filmriss kein Filmverriss und der Abriss des Hauses
kein „Abriss der Architektur".

Ein Minister ist ein Diener von Staat, Volk, Partei,
Regierungschef oder seiner Tasche.

Ein Reicher an der Spitze der Armen gibt ihnen
nichts (ab).

Wachstumsboost. Der Prolet, der vom Großkonzern
zum Kleinbetrieb geht, kommt vom anonymen Regen
in die persönliche Traufe.

Wo ist der Mittelstand, nach oben buckelnd und
tretend nach unten, mehr als die Sklavenpeitsche
in den Händen der Oberschicht?

Wieviel Leben in *Becketts* Mülltonnen,
wie wenig Leben in unseren Palästen!

Patrioten leben für das Vaterland, Matrioten für
die Muttersprache und Idioten für die Ideologie.

Ungläubige werden fanatisiert, Gläubige terrorisiert,
Leichtgläubige abkassiert und Agnostiker toleriert.

Ersetzen Theatertragödien nur lautes Jammern
und Hadern durch Vertrauen in stille Trauer?

Geist belebt nicht, weil er Vitamin G enthält.
Mancher nimmt Vitamine, damit er mehr exi´stiert
als vege´tiert.

Omnia communia. *Gartenstädte* sind nicht grüner,
sondern rote Reißbrett-Cities, die uns vor lauter gen-
trifiziertem Slum Clearing noch aufs Land vertreiben.

Qualmen unter Palmen. Wo Rauch ist,
da sind auch Raucher, und Pfeifen rauchen Pfeifen.

Aphorismenessays als proletarische Formen nutzen!

E-Autos sind e-motionale Ressourcenfresser
zwischen Dieseldreckschleudern, Bahn und Fahrrad –
PKW zum Abgewöhnen.

Es gibt lebenslange Denkpausen,
doch keine Drängelpausen zu den Denkpausen.

Chronologie ist die chronische Krankheit
der Historiker, die Geschichte nicht lesen wie Krimis:
Von hinten nach vorn geschrieben.

Der Augenschein im Sonnenschein bewährt sich
selten als Augenblick der Wahrheit.

Unterkunft ist gewöhnlich nur ein Übergang
zur wohnlicheren Wohnung, bevor man unterkommt
im Pflegeheim.

Geschickte Freiheit vom blinden Schicksal
ist das lichte Schicksal der Sterblichen.

Wer immer nickt, ist schon eingenickt, aber schüttelt
der Junge den Kopf oder wackelt nur sein alter Kopf?

… wie mir alles Theoretisieren übers Aphoristische hinaus immer unwichtiger wurde. *(Arthur Schnitzler)*

Auch Aphorismen sind manchmal unverständlich.

Die Aphorismen – was sind sie eigentlich in der gemischten Gesellschaft der literarischen Produkte? Nur die Nervösen, Blasierten, Süffisanten. Nervös in der hastigen Weise, in der sie sich geben, - blasiert durch den halblauten Ton, in dem sie gehalten sind, süffisant insofern sie konstatieren, dass irgendetwas, das sie eben bemerken, schon hundertmal dagewesen ist. *(Arthur Schnitzler)*

Bitte, bitte, gute Sitte, sonst setzt es gleich Tritte
in die Mitte!

Das Ganze ergänzt sich um Kritik daran,
das „Ganzheitliche" aber ums Totalitäre.

No tolerance to sleeping woke-culture and cancelable cancel-culture of philosophical correctness!

Umweltser in ihren BMW und Konferenz-Fliegern
sind weitaus bessere Klimakiller als der Radfahrer,
der sie abwählt.

Die *Quetschkommode* in kundiger Hand quietscht
vor kommodem Vergnügen.

Zwischen zwei Menschen wie zwei Zahlen
lassen sich immer noch dritte quetschen.

Bist du nicht schwer von Begriff,
kriegst du es (und ihn) leicht in den Griff.

Auf Waldfriedhöfen endet man als Komposthaufen
und heidnisches Düngemittel.

Oft hilft eine Krankheit gegen die andere, doch ist
dein Arzt nicht heilsam, such ihn nicht zu heilen.

Flucht in die Ohnmacht entwaffnet die Macht
oft leichter als Flucht der Ohnmacht in Natur-
oder Redegewalt.

Originale neigen dazu, ihre Imitatoren zu imitieren,
um originell zu bleiben.

Lust, Verlust und Leid finden einander
eher lästig als lustig.

Menschen lieben es, mit Jongleuren zu jonglieren,
bis sie einander aus der Hand fallen.

Wenn deine Wohnungen und Gewohnheiten nur noch
von dir selbst durchblutet sind wie der Kopf …

„Es gibt nichts Praktischeres als eine gute Theorie,“
(Kant) – Also gibt es auch nichts Extrovertierteres
als introvertierte Menschen.

Witz und Humor sind Lustspiele, also Todestriebe:
Zurück aus lästiger Unlustspannung auf Null!

Einen Jux will er sich machen, der Luchs aus der
Crux, doch das Lux der Vernunft geht in die Bux.

Aufgeklärte Enthüllungsjournalisten entdecken
immer mehr Menschlichkeit am Teufel. Immer neue
Untatsachen kommen zum Vorschwein.

Vorsicht vor meiner Rücksichtslosigkeit,
die um mehr Rück- und Nachsicht bittet!

Aufschneider sind Abschneider, nicht Besch(n)eider.

Ist der Phallus der Schlüssel zu allem,
außer zu *Beziehungskisten* mit alten Schachteln?

Was kann mir schon passieren, fragt *Freund Hein*,
und Galgenhumor lach ich aus und ab.

Kinder lesen die Bücher der Großen, um groß zu
werden, und hassen Kinderbücher. Ihre Eltern lieben
Kinderbücher und lesen „Die Opodeldoks".

Ist das Niesen nun ein Nasenkoitus
oder der Orgasmus nur Sexualepilepsie?

Spielen lässt sich mit guten Argumenten,
um sie nicht zu überschätzen, wie mit falschen,
um sie nicht zu unterschätzen.

Dein Leben verläuft (sich) zwischen Witz und Wei-
nen oder zwischen Tragikomödie und Galgenhumor.

Müssen Wahlversprechen schon durch Parteien-
koalitionen gebrochen werden, und warum gelten
Medienkonzerne oft als die Zuhälter der Journalisten?

Elefantenherden trampeln nur in Panik alles nieder,
anders als wir Herdentiere, die Gesellschaft haben.

Ein bisschen Vorfreude muss
für bitteren Nachgeschmack entschädigen.

Liest man *Freud* als Denker, löst man Philosophie
bald auf in Tiefenpsychologie wie *Wittgenstein*
in Sprachtherapie.

Ist unser kurzes Leben ein einziger Crashkurs oder
Crashtest für ewiges Leben oder ewige Langeweile?

Fleiß ist das Wahre, doch Faulheit nicht Falschheit.
Mir sind lieber faule als fleißige Verbrecher.

Das Schwein ist nicht rein, die Sau ist nie sauber,
doch reines Herz muss nicht gesäubert sein.

Niemand ist berühmter als die Berüchtigten.

Reddarque tenebris *(Vergil)*. Aller Anfang ist schwör.
Sei triumphierende Deplatzierungen gewohnt!

Der Mann lebt gern auf *Alpha*tier *Centauri*
als Zentaur aus Fachidiot und Steckenpferd.

Philosophie ist kein „ersparter Hemmungs- und Ge-
fühlsaufwand" *(Freud)*, eher schrankenlose Beweg-
lichkeit der Urteils- und Einbildungskraft, beliebige
Perspektiven einzunehmen und gegeneinander auszu-
spielen gegen alle verstiegenen Verhärtungen, aber
auch sich in beliebige Sichtweisen hinein zu entfrem-
den als produktive wie rezessive Ironie à la *Schlegel*
oder *Nietzsche*, konstruktiv wie dekonstruktiv, nicht
goldener Humor gegen Rumor, Tumult und Tumor.

Ausschluss durch Selbstjustiz droht jedem Außen-
seiter der Gesellschaft. Fememord am Verräter ist
nur die Radikalisierung jeder Gruppenmoral.

Das Unendliche ist ein Quotient aus dir
und einer Null wie mich.

Philosophen sind – nicht vom beachtlichen Erbgut
her – die besten Gedankengutachter.

Verstand ist das Vermögen,
Selbstverständliches misszuverstehen.

Wer hat schon mehr Verstand als Glück?

Tinte ist ein Fleck oder ein Weltveränderungsmittel.

Kalauer sind die Proleten unter den Aphorismen, Lebensweisheiten die Kleinbürger, Satiren die Bildungsbürger und Paradoxe die Edelleute.

Heute plappern alle den authentischen Jargon von Weltfrieden, Gender-Feminismus und Klimawandel.

Mancher beendet sein Leben, sobald sein Arbeitsleben endet und ein Geistesleben beginnen könnte.

Der Poet argumentiert nicht. Politlyrik ist versifizierter Politkitsch, dienstverpflichtetes Kunstgewerbe.

Der Kritiker ist eine Zentrifuge, die Fliegengewichte von Schwergewichtigem trennt, ein gepeitschter Brummkreisel der Kultur.

Die Oktanzahl des Herzens gibt die Klopffestigkeit unseres Motors an.

Zeitgenossen haben einander auf dem kühlen Kalkül
der Sentimentalitäten, denn tiefste Gefühle
sind längst hochkalkulierbar.

Manipulierte Leute fühlen sich frei,
freie Menschen glauben sich manipuliert.

Bei Orgeln gibt jede Pfeife ihren Ton an,
der die Marschmusik macht, auch bei *Stalinorgeln.*

Macht schon Unfug, wer sich nur nicht fügen will?

Die breitgefächerten Interessen der Jugend
schrumpfen im Alter auf wenige Essentials:
Essen, Saufen, Pennen und Quatschmachen …

Erst können Gesunde mit ganzen Lebensjahren
nichts anfangen, dann kämpfen Todkranke
um jeden Lebensmonat.

Lale Andersen war vielleicht die Anna Netrebko
der micheldeutschen U-Musik, doch war die *Callas*
keine Grölbacke der internationalen E-Musik.

Wer jemand anders sein muss,
verkleidet sich gern als er selbst.

Jeder ist inzwischen mündig genug,
sich seinen Vormund selbst zu wählen.

Tu mir den Gefallen, dir einen Gefallen tun zu können, und du wirst mir gefallen und nie durchfallen.

Gerechte werfen Muscheln vor die Säue.

Wer über alles lächelt, gibt den lächerlich
Überlegenen, den man verlachen kann.

Früher Pechvogel fängt nur den Bücherwurm,
und Greise sind Frühaufsteher mit Mittagsschlaf.

Es beschämt dich, andere zu beschämen,
die du nur beschuldigen willst.

Wer keine Frage der Welt beantworten kann
oder will, löst jedes Thema am besten in ein
humoristisches Sprachfeuerwerk auf und glaubt,
damit aus dem Schneider zu sein.

Ohne Wenn und Aber ist nicht mal das „Ohne Wenn
und Aber" selber, sondern nur das tyrannische Diktat.

Max Mustermann ist die Variable X in jeder Verwal-
tungsgleichung. Ihre Konstanten sind mal Gandhi,
mal Stalin oder Platzhalterin *Erika Mustermann*.

Das Ebenbild des Weltschöpfers schafft sich
seine Scheinwelt nicht nur auf Papier.

Kommen Quasselstrippen zum Quacksalber,
verschreibt er Kuren im Kartäuserkloster.

Ein Schlag in Feindesfresse, wenigstens eine schlag-
fertige Entgegnung, stärkt deine Resilienz rentabel.

Todsicherer als der ewige Tod ist nicht mal 1 = 1.

„Tolerierst du mich, tolerier ich dich"
führt zu Intoleranz.

Uppsala ist trotz Universität sicher eine hübsche Stadt
und geopolitisch so wichtig wie Kuhschnappel, upps.

Gerechtigkeit 3.0. Wurde mir zu viel erspart,
was dir zu wenig erspart ward, oder wird mir
nicht erspart, dass dir nichts erspart wurde?

Wer einen Zilpzalp oder Guckguck hat,
hat einen onomatopoetischen Vogel.

Wer will Saubermann, wer Dreckmann sein?
Beide verschieben nur den Schmutz.

Der Turban wirkt hier nicht urban,
doch die Glatze radikahl rustikahl.

Wichtig ist nicht das Übergewichtige,
sondern leichtfüßig Luftige. Die Waage
muss stimmen von der Wiege bis zur Bahre.

Jeder Angeber braucht An- und Abnehmer.
Abgeben ist seliger als Angeben und Abnehmen.

Frauenpower ist die Energie, mit der Mittelstands-
feministinnen in Chefetagen drängen, um Unter-
schichtfrauen ebenfalls ausbeuten zu dürfen.

Lohn- und Rentenerhöhungen sind Kürzungen
und Fronerhöhungen ohne Inflationsausgleich.

Zu Lebzeiten suchte er sie in den Himmel zu heben,
nach dem Tode mag sie ihn in den Himmel holen.

Satiriker kann heute nur sein, wer es nicht sein will.

Karl Marx hatte in allem Recht, sagen Kapitalisten,
zum Glück funktioniert es nicht.

Berühmte bleiben auf dem fliegenden,
Promis auf dem Roten Teppich.

Zu Zielen und Zwecken sind Hürden und Bürden
die einzigen Mittel und Wege.

Es ist ein Jammer, dass jedem das bloße Jammern
verleidet werden soll.

Ist Herkömmliches bekömmlicher? Leben ist Hin-
und Herkunft, doch man kommt selten dahin,
wo man herkommt.

Kopfloses Köpfchen hat, wer für Geist Geld nimmt.

Politlyrik hat so wenig Poesie wie ein Poesie-Album.

Wissenschaft befreit nicht von Befreiungstheorien,
doch Religion weiß viel von Forschungsmetaphysik.

Muss man schon frei von Not und Furcht sein,
um sich von Ketten befreien zu können, oder
entfesselt sein, um sich vom Hunger zu befreien?

Liebe : Lieber Sorgen mit dir als sorglos ohne dich!

Monopolismus wird zurecht bekämpft,
nur nicht das staatliche Gewaltmonopol
gegen individuelles Selbstverteidigungsrecht.

Ich darf hierzulande meinen Todfeind nicht in Not-
wehr erschießen, sondern muss als unbewaffneter
Leichnam auf die Polizei warten.

„US-Waffennarren"? Ist Mut oder Zivilcourage,
die sich leicht Todfeinde schaffen kann, unter
staatlichem Gewaltmonopol zu schnell Freiwild?

Träumt man sich in eine Jugend zurück, in der man
nicht glücklicher war als jetzt, und wüsste man mit
seiner Jugend heute mehr anzufangen als damals?

Lieber das enge Gedankenkorsett eines Immanuel
Kant als den weitesten Horizont, das Gedanken-
klosett von Otto Normalverbraucher!

Gefühlsselige Gedankenlosigkeit ist die dümmste
Kritikerin des engen Gedankenkorsetts, das man
jeder Schönheit allzu gern öffnet.

Der Ebenholzkopf ist eben auf dem Ebenholzweg.

Wie lassen Leute sich aufhalten,
die dauernd die Hand aufhalten?

Aquaplaning ist das liebste Wasserspiel der Autos
wie das Absaufen.

Widersteh auch erwarteten Widerstandshandlungen!

Wer das amusische Realitätsprinzip totreitet, wird
Misanthrop, wer es verachtet, aber kein Dichter.

Deine Eitelkeit hilft, deinen Stolz zu besiegen.

Niemand sollte vom „Volk" reden dürfen,
der nicht von sozialen Schichten sprechen will,
und niemand sollte von Industriekapitalismus reden,
der nicht von MINT-Diktatur sprechen will.

Der verachtete *Mainstream* spiegelt oft die unmani-
pulierte Meinung der Mehrheit statt der Medien, und
die „Alternativen" dazu spiegeln nur Eliteninteressen.

Es ist sehr eitel, nicht eitel werden zu wollen.

Du bist nie eitler als die Kritiker deiner Eitelkeiten.

Ihr umstrittener Penisneid wich **seinem** Gebärneid.
Sie schneidet gut ab, er wehenpresst zum Schreien.

In *Caprihosen* wirkt er wie eine Tunte
und seine Tante wie ein Kastrat.

Langeweile rettet aus Not und vertreibt man besser
durch Notfälle als durch Kartenspiele.

Naschsucht und Magersucht sind einander
schlechte Therapeuten.

Klausuren öffneten einst den Himmel und heute nur
Klaustrophobie, doch man schreibt noch Klausuren,
um höher zu kommen.

Literatur, die sich in Comics *adaptieren* lässt,
wird Trivialliteratur, also Bestseller.

Nachhaltiges Leben ist auch reichlich hinterhältig,
da es die Armen hinten hält und ihnen das vorhält.

Sabbeln ist ein Faksimile des Lebens,
und Kinder sind Fucksimiles ihrer Eltern.

Ein Automobil kann die Welt er-fahren,
ohne dass der Fahrer Erfahrungen macht.

Eine Bibliothek ist das Schloss *Sanssouci* der Armen.

Mit einem neuen Zeitalter kündigt man
schon dessen Ende an.

Eitelkeit braucht einen Spiegel,
Stolz ist sein eigener Spiegel.

Frauen tragen von Dichtern leibliche Kinder aus
wie Dichter von Musen Geisteskinder.

U-Bahn ist *Underground*, führt aber nicht in U-Haft.

Ein armes Katzenjammertal ist stets kirchenmausfrei.

Kapitalismus floriert nur von Krise zu Krise,
Kapitalkrisen sind die einzigen Wachstumsbooster,
und jeder Naturbearbeiter macht eher schlapp
als Mutter Natur selbst.

Gene. Dem Manne fehlt so wenig ein X-Chromosom
wie der Frau ein Penis, und kein Y-Chromosom
lässt sich ein X-Bein für eine U-Bahn vormachen.

Verwirrend ist, wenn (herum)irrende Normalos
verworrener reden als Irre.

Klarheit wirkt auf manche Menschen verwirrender
als Unordnung.

Wer sich im Alter nicht langweilt,
hatte schon vorher eine lange Leitung.

Gute Autoren sind dümmer als ihre Werke.

Frauen heiraten *Sartres*, Männer keine *Beauvoirs*.

Gibt es Liebesgedichte von Katern und Spermien?

Das Ich sitzt wohl in Herz und Hirn,
doch auch in Hoden, Hymen, Hintern.

Ein Geist bescheißt, auf was er scheißt, reißt aus
zumeist und scheißt am End sich in die Hosen.

Klimawandel im Alter : Nur Dürre im Kopf
und Wasser in den Beinen.

Aller Stolz unserer Zeit ist Nichtigkeit,
die Wichtigkeit aller Zeitgenossen nur Eitelkeit?

Das große Geld hat die Macht, meine Meinung zu
machen, auch wenn ich sie mir nie zu eigen mache.

Die Minderheitsmeinung wird von alternativen, die
Mehrheitsmeinung von etablierten Eliten gemacht.

Aller Anfang ist „Schwör!"

Katastrophenpläne : geplante Katastrophen.

Mit der Peitsche angelt man kleine Fische,
mit der Angel peitscht man arme Würmer.

Die Schauspieler schauen uns beim Auspfeifen zu.

Wer keine weiße Weste hat, hasst schwarzen Humor.

Jede Ausnahme bestätigt unbekannte Regeln,
und fehlende Ausnahmen widerlegen jede Regel.

Ein Wolkenkuckucksheim hat die beste Übersicht
und übersieht nichts.

Warum heißt tiefer Fall Unfall
und Un-Fall nicht Aufstieg?

Die Seiltänzerin begeistert durch anmutigen Umgang
mit dem tödlichen Fall, der uns alle erwartet.

Die Quelle des Lebens erreicht nur, wer flussaufwärts
sich immer weiter vom weiten Meer entfernt.

Das Geld hat keine Meinung, es macht und bildet
sie uns, weil es die Wahrheit ist.

Ist der *Baum der Erkenntnis*
aus dem Paradies vertrieben?

Verlorengegangene sind noch keine Individualisten.

Eine Wirklichkeit ohne Ideen ist schlimmer
als eine Idee ohne Verwirklichung.

Die Maske lächelt, das Gesicht erstarrt.

Wir haben keinen Verräter unter uns,
sondern einen Getreuen.

Tiefstapler sind die Hochstapler der Bescheidenheit.

Heidegger? *Man* ist *eigentlich*, das *Seyn* ist nicht da
und Eigentum ein eigentümlich eigenartiges *Ereignis*.

Verhalte dich zu den Verhältnissen so verhalten,
dass sie anhalten, bist du eine haltbare Haltung
dazu erhalten hast, die du beibehalten kannst!

Paranoide Verschwörungstheorien antworten nur
auf die fatale Intransparenz aller gesellschaftlichen
Facts und Fakes auch für ihre Kritiker.

Hat die gesellschaftliche Intransparenz inzwischen
einen Grad erreicht, dass sich Boulevardpresse und
Qualitätsjournalismus nur noch durch die Anzahl
der Fremdwörter unterscheiden?

„Meine Muse ist der Mangel" *(Martin Walser)*.
Bei überreichen Autoren lässt ein Mangel an Mangel
schon auf mangelhafte Literatur schließen.

Der öffentliche Omnibus für alle ist die Hauptwaffe
der Zukunft gegen den ersehnten PKW für jeden.

Die zauberhafte Schöpfung entzaubert alle
menschlichen Magier und Gaukler.

Der Gleichgültige ist freier als der Engagierte.

Das Leben samt Routinebrechern wird langsam
zur Routine – nur sein Ende nie.

In Xanten am Rhein fanden die Nibelungen nur Gold
statt *Xanthan*.

Jede geständige Reue ist absolut absolutionsaffin –
und spekuliert darauf.

Wer keine Geschichte schreibt und keine
Geschichten mehr macht, wird auch keine
mehr lesen und erzählen.

Wann werden die *Dinos* zurückgeklont, um unsere
Todfeinde endlich zu zertrampeln, die Großprojekte.

Kultur : Was Tops sind, muss schon Trash sein;
was Flops sind, kann noch Trash sein.

Die Mammuts im Eis vermisst man weniger
als das Ende ihrer Gen-Klonerei.

Unter Vaseline heilen nur seelische Wunden nicht
schneller. Zeit ist Seelenfett, das Gleitmittel für alles.

Hat die atheistische Aufklärung Recht,
haben die Mächtigen vom aufgeklärten Absolutismus
nichts mehr zu befürchten.

Zahlungsunfähig ist der Arme in dieser Welt,
der Reiche in der nächsten.

Wer durch alle Raster fällt, entgeht jeder Rasterfahn-
dung, und wer profillos ist, allen heutigen *Profilern*.

Ohne Wenn und Aber? Wenn aber etwas ganz ohne
Ohne geht, kommt es wohl mit.

Ein pikarischer Romanheld des 21. Jahrhunderts
wäre ein prekärer Schelm, der als Maschinenstürmer
und Industriesaboteur alles unternimmt, kein Unter-
nehmer zu werden. Kein Wunder, dass pikareske
Literatur uns zu spanisch vorkommt.

Das vogelfreie Denken muss konkret bleiben,
doch auch gegen zu starke Blut- und Bodenhaftung.

Fromme Notlügen sind Huldigungen
der Falschheit an die Wahrheit.

Der Aphorismus muss langsam verblöden oder
das *experimentum crucis* der Philosophie werden.

Ohne außerweltlichen IQ ist unverständlich,
dass die Welt mathematisch verständlich ist.

Für einen Mörder gilt nicht als mildernder Umstand,
kein Massenmörder zu sein.

Aphorismus : *Great Unified Theory* (GUT) plus
Kleinkram, Hickhack und Zickzack, kurz und GUT.

Zaudern und zagen kann weiter tragen
als wagen und dann klagen.

Veganer bringen es nur bis zum Tierschutz,
doch Pflanzenschutz fordert anorganische Kost.

Geist tanzt auf dem schmalen Grat
zwischen enger Angst und weiter Öde.

Nur Eitelkeit kann Eitelkeiten rühmen und rügen.

Unsauberkeit erreicht ihre eigene Reinheit im Dreck.

Es ist unentbehrlich, irgendetwas zu entbehren.

Wer in Not ist, hat keine Zeit,
und wer Zeit hat, langweilt sich.

Nichts geschieht, solange man nachdenkt.
Alles passiert nur, wenn man nicht daran denkt.

Wer weniger Verantwortung hat,
trägt sie nur für das, was klappt.

Alles, was steht, ist deutbar vergangen, „alles fließt“
durchs Abflussrohr ständiger Gegenwart.

Kein Kopf begreift, was arthritische Hand nicht mehr
greift; wenn's Gehen schmerzt, geht gar nichts mehr.

Eitelkeit ist nur Ehrlichkeit des Selbstbewusstseins.
Wenn alles nur eitel ist, ist jeder eitel, also keiner.

Brandung hemmt einen Brand, seltener umgekehrt.

Diktaturen werden leichter als Demokratien mit der
Mafia fertig, nur weil sie selbst eine Art Mafia sind.

Denken hilft besser als Kopfzerbrechen
gegen schmerzhafte Hirnarthrose (Kopfweh).

Manche Alten werden noch ein ganzes Leben
ohne pandemische Lockdowns geführt haben
und ihren Enkeln davon erzählen wollen.

Eitelkeit erarbeitet sich Applaus, *Stolz* weist ihn
hochmütig von sich, und *Eigenliebe* eint beide.

Die philosophischen Disziplinen des Aphorismus
verteidigen Logik paradox gegen Logik, Sprache
gegen Gespräche, Natürliches gegen *Umweltser*,
Moralisten gegen Gruppenmoral, Recht gegen Justiz,
Subjekt gegen toxische Sachlichkeit, Objekt gegen
Intersubjektivitätskonsens, Geistreiches gegen
geisteswissenschaftliche Geistheiler, Elfenbeinturm
gegen Gemeinschaftshuberei, Theorie gegen Aktio-
nismus, Reflexion gegen Reflexe, Sinnlichkeit gegen
Unsinn, Kunst gegen AI/KI, handliche Begriffe gegen Handgreifliches, Aufklärung über Aufklärung …

Wenn Experimentalphysiker versuchen würden,
mathematische Gleichungen messtechnisch zu über-
prüfen, käme sicher heraus : $3 + 2 = 4.99905381\ldots$

Tiefgang eines Gedankengangs ist vielen zu hoch
und hohes Niveau zu tiefsinnig.

Ableben kränkt. Wird der einsame Alte krank, macht
Krankheit noch einsamer in todgeweihter Masse.

Moralistik ist ein Quell der Dialektik, Aphoristik
die kürzeste Verbindung von Realismus, Idealismus,
Rationalismus, Positivismus und Pragmatismus.

Schlussendlich. Den aufschlussreichen Schluss macht
der beschlossene Entschluss zum logischen Schluss
ohne Anschluss ans Schloss.

Ende

Deine Eitelkeit hilft, deinen Stolz zu besiegen

"Eitelkeiten unserer Tage" unterscheiden sich in nichts von den Koketterien aller Zeiten. Man könnte sich höchstens fragen, ob und wo in unseren Tagen krasse Eitelkeiten nachweislich fehlen, wenn auch deine prononcierte Sachlichkeit und dein bescheidenes Zurücktreten hinter deine guten Taten und Werke nichts ist als besonders aufdringliche, weil sorgsam kaschierte – Eitelkeit. Der berühmte Herzog de *La Rochefoucauld* sah es schon vor 350 Jahren: Die Selbstliebe verkleidet sich selbst in ihr Gegenteil und prunkt in der selbstlosesten Opferung für andere oder für eine große Sache. Jeder Mensch will sich angesichts der zermalmenden Gleichgültigkeit des Universums als wesentlich empfinden, wie Sartre schrieb. Eitelkeit hilft, den Stolz zu besiegen.

Im Gegensatz zu einst versteckt man seine Eitelkeiten heute vielleicht etwas weniger : Kann man sie schon nicht leugnen, so führt man sie nun demonstrativ outriert vor und spielt mit ihnen, um gleichsam langsam taschenspielerhaft die Aufmerksamkeit davon abzulenken. "Wir sind alle eitel, und alles ist eitel, was soll's?" Man ist zurecht eitel auf eine wirkliche Überlegenheit, und so schläfert man den giftigsten Neid der Mitwelt am schnellsten ein. Nur Eitelkeit auf eingebildete Überlegenheiten blamiert sich und zieht nun die ganze satirische Wut auf sich, die sich an begründeter Eitelkeit des Könners nicht vergreifen darf. Und auf diesem Feld der Ehre macht sich jeder Zeitgeist sterblich lächerlich, aber oft genügt es schon, eine Hochleistung böswillig zu verkleinern, um sich den Neid darauf billig zu ersparen.

Wenn aber beinahe alles und alle eitel sind,
ist fast nichts und niemand eitel.

Männer sind eitel — auf die Eitelkeit ihrer Frauen.

Du bist nie eitler als die Kritiker deiner Eitelkeit.

Selbstkritik ist die Eitelkeit der Autobiographen.

Nur wenige suchen aus Mangel an Eitelkeit
so eitel zu erscheinen wie andere.

Die unerträglichste Eitelkeit
ist die aus Eitelkeit versteckte.

Wer bezichtigt sich ohne Eitelkeit
eben dieser Eitelkeit?

Allein Monogamie braucht Liebe,
ohne Eitelkeit zu vereiteln.

Wer stolz ist auf das, was er ist,
wird auch eitel auf das, was er nicht ist.

Eitel wird, wessen Stolz geknickt wird,
und stolzer Geist kränkt weniger als Geist.

Stolz ist, wer nicht aus Eitelkeit
seine Ideen vollkommen macht.

Thackerays "Jahrmarkt der Eitelkeiten"
endet nur an einem Ort:
auf dem wirklichen Jahrmarkt selber.

Platte Eitelkeit ist der häufigste Grund,
tiefe Abgründe in sich zu sehen.

Demut ist oft zu stolz, um stolz zu sein.
Stolz : Demut der Arroganz.

Promi oder *promesse de bonheur*

Ist es nicht ein leicht zugänglicher Hochgenuss, von
der Höhe des Bildungsprivilegs auf die Armen her-
abzuschauen, die sich unten in der *Yellow Press* an
den Hochglanzbildern und Hagiographien der Reichen und Schönen aufgeilen, die sie inniglich lieben
statt leidenschaftlich hassen? Ja, die Allerärmsten
lieben und verehren ihre Superreichen, statt sie tot-
zuschlagen und zu enteignen, und dadurch dürfen
die Weltmogule sich viel bombensicherer fühlen als
durch ihre *gated communities*. Ein einziges Prozent
der Weltbevölkerung besitzt bald die Hälfte des
Weltvermögens. Die Boulevardpresse lebt gut vom
unersättlichen Heißhunger der Massen nicht auf das
große Geld ihrer Edelräuber, sondern auf Schlüssel-
lochblicke in die Scheinwelt der Schönen und Ver-
wöhnten, der Celebrities und Erfolgreichen. Die
"Klassenfeinde" sind Massenliebchen.

Aber gemach, liebe Besitz- und Bildungsbürger! Ihr
anprivilegierten High-brows habt auch eure eigene
angehimmelte Weisheitsprominenz. Einer, der es
wissen musste, schrieb : "Alle Literatur – von Bio-
graphien über Essays bis zu Romanen und Kurz-
geschichten – ist Klatsch." *Truman Capote*, ein

amerikanisches Enfant terrible der Hochliteratur, wollte eine neue "Suche nach der verlorenen Zeit" von heute schreiben und veröffentlichte davon immerhin das Romanfragment "Erhörte Gebete", mit dem Erfolg, dass die halbseidene Welt der New Yorker Upper Class, das Highsociety-"Rat pack" der großen Gelddynastien, die den kleinen Homosexuellen so lange auf seinen Partys gehätschelt hatte, abrupt fallen ließ, entrüstet verstieß und fortan brandmarkte. Davon erholte der kleine Norman Streckfus sich nie mehr. Selbst sein Genie hatte von der Glamourmisere gelebt, die er entlarvte, und erlosch damit in Drogensucht. Auch ich, die platte Prominenz in Person, habe meine Untiefen ...

Schwarzer Schnee in weißer Nacht

Sind Schwarze, Rote oder Gelbe
die Wahrheit der Weißen?

Nur Schwarzseher gelten heute als Hellseher.

Optimisten machen jedes „Schwarze Loch"
am Himmel zu ihrem guten Stern.

Schwarz ist die Milch in der Nacht,
doch der Rabe bei Tage nicht weiß.

Grau ist alle Theorie, aber sie malt wenigstens
nicht schwarz-weiß und wendet sich nicht von selbst
an — das Herz.

Schwarzweißdenker : Graue Zellen
entwickeln graue Theorien des grauen Alltags.

Theorie und Alltag haben eins gemeinsam:
die Farbe Grau. (Aber auch ihr Grau in Grau
hat Grauzonen und grauenvolle Grautöne.)

Astronomen sind Leute, für die schwarze Löcher
am Himmel wahre Fundgruben sind.

Schönfärberei als Schönfärberei zu bezeichnen,
gilt als Schwarzmalerei.

Geschlossene Augen sehen eher schwarz
als die Nacht.

Schwarzweißmalerei verschönt graue Theorien,
grauen Alltag und das Feldgrau(en).

Die vielen schwarzen Schafe sehen immer
nur wenige schwarze.

Du triffst nur in das, was du zu schwarz malst!

Ich bin so helle, dass ich alles schwarzweiß.

Nieder mit der Ungleichheit
von Schwarz und Weiß und Wahr und Falsch!

Den Optimisten und Pessimisten
wird Schwarzweißmalerei schon zu bunt.

Gott sieht alles, der Mensch nur schwarz-rosa.

Ins Schwarze trifft, wer auf weiße Westen zielt.

Grau ist alle Theorie, schwarzweiß malt
die Praxis, und man weiß von bunten Hunden.

Stammen wir nun von Affen, blonden
Indogermanen oder Schwarzafrikanern ab?

Wurde die schwarze Magie der Techniker schon
poetischer als die weiße Magie der Künstler?

Aus schwarzen Haaren können nur graue Haare
(oder schneeweiße Glatzen) werden, aus grauen
Haaren aber wieder blonde Kinderlocken …

Eine Wassermelone schmeckt am besten
mit schwarzer Melone auf dem Wasserkopf.

Ihre Toleranz schmücken Herdentiere
mit pechschwarzen Schafen.

Atmet der Schöpfer aus, entsteht ein All,
atmet er die Welt wieder ein, ein *Schwarzes Loch*

…

Faule Eier im maulfaulen Sack

Ein Fisch, der nicht fischt, ist faul wie ein Ei,
das nicht Huhn wird.

Lotterfuchs' Tierleben.
Eine Ameise mit Bienenfleiß hat eine Meise.

Weltverbesserung ist das Alibi der Rücksichts-
losen, Rücksicht (der Lenz) das Alibi der Faulenzer.

Faulheit ist der Fleiß, sich selbst zu fliehen.

Krieg ist besser als nichts.
Nichts ist besser als Frieden.
Also ist der Krieg besser
als fauler Arbeitsfriede der Diktaturen.

Welcher neue faule Zauber entzaubert
die wissenschaftliche Weltentzauberung?

Haut die Haut! Niemand fährt
aus der faulen Haut, auf der er liegt.

Wer sauber bleiben will, ist nur ein Faulpelz,
sagen die Schweinehunde.

Faulpelze arbeiten nur daran, sich vom Schreiben
ihrer Wunschzettel auszuruhen.

Der Mensch ist eher ein gehetztes Faultier
als ein gefangener Tiger.

Wer keine faulen Reden mehr hören will,
will schon fleißige Untaten sehen.

Ohne Fleiß des Knechtes kein Preis des Herrn,
und nicht jeder hat seinen Fleiß.

Industrieller ist, wer auch fleißigen Handwerkern
das Handwerk legt.

Sklaven schufen Adelsmuße,
Maschinen schaffen Bürgerfleiß.

Ist der Künstler faul,
sucht er Eingebungen und Musen.

Sind alle dagegen, muss etwas dran sein;
sind alle dafür, ist etwas faul dran.

Man kämpft für die Freiheit,
also für die Autokratie der faulsten Launen.

Zum Faulpelz tut man zu viel,
zum Glückspilz zu wenig.

Extreme führen zum Mittelmaß,
faule Kompromisse zu fleißigen Extremisten.

Aufstieg : Zuerst machte man mich zur fleißigen Ameise, dann (ich mich) zur Schnecke und dann zur faulen Sau.

Halbwüchsiges reift nicht, weil Reifes verfault.

Nach den Ferien zu arbeiten, ist mühsam, nach der Arbeit zu faulenzen, noch beschwerlicher.

Der faulste Kompromiss ist der,
dass keiner mehr geschlossen wird.

Man kann nicht reifen, ohne zu faulen,
aber altern, ohne zu reifen, und nicht jung
werden, ohne unreif zu bleiben.

Die Wahrheit ist zu faul oder zu stolz
zum Suchen.

Nur Aphoristiker sind nicht zu faul,
uns weniger als drei Sätze zu schreiben,
um uns mehr zu sagen als andere mit hundert.

Man liegt lieber auf der faulen Haut,
als müßig zu gehen.

Industrie wurde das Schicksal des Schicksals und
das Kapital der Weltrevolutionär, der uns zu faulen
Reaktionären macht.

Eher werden Faulpelze arbeitsunfähig
geschrieben als Arbeitslose mußefähig.

Sä fleißig und sei für die Ernte zu faul!
Wer verfault noch ohne fleißiges Teamwork
in einem Elfenbeinturm?

PASCAL (1623 - 1662) : "Pensées"

Echte Beredsamkeit spottet der Beredsamkeit, wahre Sittlichkeit spottet der Sittenlehre ... Der Philosophie spotten, das ist wahrhaft philosophieren.

Abergläubisch ist es, seine Hoffnung in die äußeren
Formen zu verlegen, aber hochmütig ist es,
sich ihnen nicht unterwerfen zu wollen.

Das ewige Schweigen dieser unendlichen Räume
macht mich schaudern.

Wie viele Königsreiche wissen von uns nichts.

Entweder verbirgt der Mensch sein Elend, oder
wenn er es aufweist, rühmt er sich, es zu kennen.

Eine Kleinigkeit tröstet uns,
weil eine Kleinigkeit uns betrübt.

Weil man das Recht nicht finden konnte,
hat man die Macht gefunden usw.

Die Menschen beschäftigen sich damit,
hinter einem Ball oder einem Hasen herzujagen;
das ist sogar das Vergnügen der Könige.

Die Menschen sind so notwendig Toren, dass es auf
eine andere Art töricht wäre, kein Tor zu sein.

Wäre unsere Lage wirklich glücklich, brauchten wir,
um glücklich zu sein, uns nicht zu zerstreuen, um
nicht an sie zu denken.

Sorglos eilen wir in den Abgrund, nachdem
wir etwas vor uns aufgebaut, was uns hindert,
ihn zu sehen.

Hohe und Niedrige haben die gleichen Unfälle,
die gleichen Ärgernisse, die gleichen Leidenschaften; aber der eine ist näher am Radkranz, der andere
näher der Radnabe und deshalb von der gleichen
Bewegung weniger berührt.

Der Mensch ist weder Engel noch Tier,
und das Unglück will, dass, wer den Engel will,
das Tier macht.

Der Widerspruch ist weder Zeichen des Falschen
noch Widerspruchsfreiheit Zeichen der Wahrheit.

Die Größe des Menschen ist groß,
weil er sich als elend erkennt. Ein Baum weiß nichts
von seinem Elend. Also : Elend ist nur, wer sich als
elend erkennt; aber nur das ist Größe, zu wissen,
dass man elend ist.

Durch den Raum erfasst mich das Weltall
und verschlingt mich wie einen Punkt,
durch das Denken erfasse ich es.

Schmeichelt er sich, so erniedrige ich ihn; erniedrigt
er sich, so schmeichle ich ihm; und immer wider-
spreche ich, bis er begreift, dass er ein unbegreifli-
ches Unwesen ist.

Die Natur hat Vollkommenheiten, um zu zeigen,
dass sie das Bild Gottes ist, und Fehler,
um zu zeigen, dass sie nur das Bild ist.

Das Herz hat seinen Verstand, den der Verstand
nicht kennt. Nichts ist der Vernunft so angemessen,
wie die Vernunft nicht anzuerkennen.

LA BRUYÈRE: „Charaktere" (1688)

Durch erheuchelte Zuneigung kann ein Mann eine
Frau täuschen, aber nur, wenn er nicht eine andere
wirklich liebt.

Man hat ebenso wenig die Kraft, ewig zu lieben,
wie man nicht imstande ist, sich der ersten Liebe
zu erwehren.

Jemand vergessen wollen heißt an ihn denken.

Zu vermissen, was man liebt, ist noch ein Glück −
verglichen mit dem Zwang, mit dem leben
zu müssen, was man hasst.

Hat man alles versucht, um die Freundschaft
gewisser Leute zu erringen, und trotzdem nichts
erreicht, bleibt einem noch ein allerletztes Mittel:
nichts mehr dafür zu tun.

Wer etwas mit großer Ungeduld begehrt,
verausgabt sich zu sehr, um an dem endlich
Erlangten noch die rechte Freude zu haben.

Es ist gleich schwer, den Schmerz einer frischen
Beleidigung zu unterdrücken, wie ihn noch
nach Jahren zu fühlen.

Wer für andere bittet, scheint mir mit dem Selbst-
vertrauen dessen aufzutreten, der Gerechtigkeit
verlangt.

Wer für sich selbst spricht oder handelt,
fühlt die Verlegenheit und Scham eines Menschen,
der um Gnade bittet.

Es gibt Leute, die weder auf die Vernunft noch
auf einen guten Rat hören und freiwillig in die Irre
gehen − aus Furcht, von anderen am Gängelband
geführt zu werden.

Nicht ein Laster gibt es, das nicht entfernte
Ähnlichkeit mit einer Tugend hätte, und sich
dieser Tarnung nicht auch geschickt bediente.

Ihren allergrößten Triumph feiert die Leidenschaft
nicht, wenn sie sich über die Vernunft hinwegsetzt,
sondern über den Eigennutz.

Die Kunst, gut zu unterhalten, besteht viel weniger
darin, dass man selbst besonders geistreich ist,
als dass man anderen dazu verhilft, es zu sein.

Es ist ein großes Unglück, wenn jemand nicht genug
Verstand hat, um vernünftig zu reden, und zu wenig
Selbsterkenntnis, um zu schweigen.

Man baut, wenn man alt wird, und stirbt,
wenn Maler und Glaser noch an der Arbeit sind.

Das Hofleben macht niemanden zufrieden;
es bewirkt nur, dass man in anderer Umgebung
unzufrieden ist.

In gewissen Lebenslagen sind Aufrichtigkeit
und Einfalt die beste Verstellung.

Man glaubt zwar, jeden Erfolg zu verdienen,
aber nur sehr selten darauf hoffen zu dürfen.

Die Bösen schaden uns, und unter den Guten
haben wir zu leiden.

PAUL VALÉRY (1871 – 1945) : „Cahiers"

Politik ist die Kunst, die Leute daran zu hindern,
sich um das zu kümmern, was sie angeht.

Eine schlechtbeobachtete Tatsache ist tückischer
als ein falscher Schluss.

Das Ideal ist eine Art zu schmollen.

Was dir am besten gelingt,
wird dir unweigerlich zur Falle.

Das ist eines jener Bücher, aus denen die Dummen
holen, was der Verfasser geistreichen Leuten
verdankt.

Wo ich unnachahmlich bin, bin ich es für mich.

Gut liest man nur aus einer ganz bestimmten
Absicht heraus. Etwa um ein bestimmtes Können
zu erlangen. Oder weil man den Verfasser hasst.

Die Jugend liebt nicht die vollkommenen Dinge.
Sie lassen ihr zu wenig zu tun übrig und ärgern
oder langweilen sie.

Das Gedicht – dieses ausgehaltene Zögern
zwischen Klang und Sinn.

Der Märtyrer : Ich würde lieber sterben als ...
überlegen.

Es ist ein großer Irrtum, mit der Dummheit der
Dummen zu rechnen, aber ein noch größerer Irrtum,
auf die Intelligenz der Intelligenten zu bauen.
Sie verleugnen ihre Natur einmal am Tage.

Das Urteil eines Gläubigen über einen Ungläubigen
und umgekehrt zählt nicht.

Die Mittelmäßigen werden immer gewandter,
da sie nicht aufhören, ihren mittelmäßigen Bereich
zu durchmessen. Wer aber seine Gewandtheit auf-
gibt, um linkisch zu werden ... der ist ein Mensch.

Am äußersten Ende jedes Gedankens
wartet ein Seufzer.

Die Vernunft will, dass der Dichter den Reim
der Vernunft vorziehe.

Das Schöne erfordert vielleicht die sklavische
Nachahmung dessen, was in den Dingen unbe-
stimmbar ist.

Schmeicheleien ist man in dem Maße zugänglich,
wie man sich selbst schmeichelt

Es gibt Menschen, die wahrheitsliebend sind,
weil sie keinen Grund haben zu lügen.

Man ist mit sich selbst nie zufrieden genug,
um sich ganz zu eröffnen.

Ihr Redner und Pamphletisten, ihr Heftigen und
Rasenden, spürt ihr nie, dass jeder Schreiende
im Begriff ist, nur noch so zu tun, als schriee er?

Die Freude, die uns das Verstehen schwieriger
Gedanken bereitet, macht uns geneigt, ihren
Folgerungen Glauben zu schenken.

Die richtigen Gedanken sind immer unerwartet.
Jeder unerwartete Gedanke ist einige Augenblicke
lang richtig.

Der Engel unterscheidet sich vom Teufel bloß
durch eine Überlegung, die ihm noch bevorsteht.

Was nicht festgehalten wird, ist nichts.
Was festgehalten wird, ist tot.

Unsere Schüler und Nachfolger lehrten uns
tausendmal mehr als unsere Meister, wenn wir
lange genug lebten, um ihre Arbeiten zu sehen.

Die Inspiration ist die Hypothese, die einen Autor
zum bloßen Beobachter macht

Dichterisch ist der Gedanke, der in Prosa gefasst
noch den Vers verlangt.

Wer arbeitet, sagt sich : Ich will mächtiger,
gescheiter, glücklicher sein als – Ich.

Die Größten haben es gewagt, auf das eigene Urteil
zu bauen – und ebenso die Dümmsten.

Um den Ruhm zu lieben, muss man große Stücke
auf die Menschen halten; man muss an sie glauben.

Der Mensch schmückt sich mit seinem Glück.

Denkmal und Ruhm sind Formen des Totenkults,
eine Form der Unwissenheit.

Unsere wahren Feinde sind schweigsam.

Ich liebe die, die mich anregen, und die,
die ich anrege. Unsere Feinde regen uns an.

Das Geheimnis eines geistreichen Menschen
ist weniger geheim als das eines Dummkopfs.

Der klare Geist macht verständlich,
was er selber nicht versteht.

Nur in praktischen Belangen beruht Klarheit
nicht auf Selbsttäuschung.

Unwissenheit schwankt zwischen
äußerster Verwegenheit und äußerster Angst.

Überlegenheit als Ursache der Ohnmacht : unfähig
sein zu einer Dummheit, die vorteilhaft sein kann.

Jeder hat etwas gesehen, was sonst noch keiner
gesehen hat. Und die Summe davon ist Null.
Nur was alle zugleich gesehen haben, zählt.

Wenn ein Mensch nicht ein anderes Leben führen
könnte als sein eigenes, könnte er sein eigenes nicht
leben.

Der Tod dauert das ganze Leben. Aller Vermutung
nach hört er auf, sobald er eintritt.

Das Leben und nicht der Tod trennt die Seele
vom Körper.

J E S A J A und Fernöstliches

Zählt doch nicht auf Menschen! Sie sind nichts als ein Hauch, und mehr sind sie auch nicht wert. (Jesaja 2,22) Rede zu ihnen, damit ihre Herzen verstockt werden, ihre Ohren verschlossen und ihre Augen verklebt, so dass sie ... mit ihrem Verstand nicht erkennen. Ich will nicht, dass sie zu mir umkehren und geheilt werden. (6,10) Ich bin der heilige Zufluchtsort, aber ich bin auch der Stein, an dem man sich stößt. (Jes 8, 14) So wie das Meer voll Wasser ist, wird das Land erfüllt sein von Erkenntnis des Herrn. (11,9) Von den Menschen lasse ich so wenig übrig, dass sie seltener werden als Gold ... (30, 7) Wer vor den Schreckensschreien flieht, fällt in die Grube. Und wer sich aus der Grube retten kann, verstrickt sich im Netz. (Jesaja 24, 18)

Zu der Zeit wird der Herr abrechnen mit den Mächten des Himmels und den Königen der Erde. (24, 23) Auf dem Zionsberg wird der Herr der Welt für alle Völker ein Festmahl geben ... Den Tod wird er für immer vernichten und von jedem Gesicht die Tränen abwischen. (25, 6-8) Wir liegen in Wehen wie eine Frau, doch was wir gebären, ist nichts als Wind ... Du, Herr, bist wie der belebende Tau; darum gibt die Erde die Toten heraus. (26,18) Was er dann tut, wird euch fremd und unverständlich erscheinen. (28,21) Tut weiter so, als wärt ihr entsetzt - und werdet vor Entsetzen starr! **Führt euch weiter auf wie Blinde – und werdet in eurer Verblendung tatsächlich blind!** (29,9) Ihr ganzer Gottesdienst ist sinnlos, denn er besteht in der Befolgung von Vorschriften, die Menschen sich ausgedacht haben. Deshalb will ich auch weiterhin fremdartig und unverständlich an diesem Volk handeln.

Dann wird die Weisheit seiner Weisen vergehen ... (29, 13-14)
Er will seine Macht zeigen und sich über euch erbarmen, denn er
ist ein Gott, der dem Recht Geltung verschafft. (30, 18) Es geht
uns wie Kindern, die im Mutterschoß steckengeblieben sind, weil
die Mutter keine Kraft mehr zum Gebären hat. (37,3) Alle Vo-
raussagen der Zeichendeuter strafe ich Lügen und stelle die Wahr-
sager als Narren bloß. (44, 25) Aber weil ich mich mit euch ver-
bunden habe und meine Ehre auf dem Spiel steht, bezwinge ich
meinen Zorn und vernichte euch nicht ... Nicht euch zuliebe,
sondern allein um meiner selbst willen schaffe ich euch Rettung.
(48,9/11) Deine Unterdrücker sollen sich gegenseitig umbringen...
(49,26) Blickt zum Himmel empor : Er wird sich auflösen wie
Rauch. Blickt auf die Erde zu euren Füßen : Sie wird zerfallen
wie ein altes Kleid, und ihre Bewohner werden dahinsterben wie
Fliegen. (52, 6) Denn dein Schöpfer, der Herr der Welt, schließt
die Ehe mit dir. (54,5) Wendet euch an den Herrn, denn er will
sich euch zuwenden! (55,6) Genauso ist es mit dem Wort, das ich
spreche. Es kehrt nicht erfolglos zu mir zurück, sondern bewirkt,
was ich will ... (55,11) Wenn ein Kastrierter meinen heiligen Tag,
den Sabbat, beachtet und mein Gesetz befolgt, dann bekommt er in
meinem Haus einen Gedenkstein, auf dem sein Name steht. Das
wird die Erinnerung an ihn besser bewahren als Söhne und Töch-
ter. (56,4-5)   J E S A J A

Die "Sprüche der Väter" : "Tue Seinen Willen wie deinen Willen, damit Er deinen Willen tue wie Seinen Willen." "Richte
deinen Gefährten nicht, ehe du nicht in seine Lage gekom-
men bist." "Wo kein Mehl ist, da ist kein Gesetz; wo kein
Gesetz ist, da ist kein Mehl." "Nicht liegt es auf dir, das Werk
zu vollenden, aber du bist auch nicht frei, von ihm abzulas-
sen." "Alles ist vorgesehen, aber freier Wille ist gegeben."

Fernöstliches

Der Taoismus nimmt schon um 300 vor Chr. fast die japanischen ZEN-"Koans" vorweg : "Um sein Nichtwissen wissen ist das Höchste; um sein Wissen nicht wissen, ist krank." (*Laotse* : "Tao-te-king", Kapitel 71). "Es gibt nichts Weicheres als das Wasser, aber nichts ist ihm überlegen in der Überwindung des Harten ... Dass Schwäche Stärke überwindet und Sanftheit Starre den Menschen gibt, desto mehr hat er selbst." (78) "Wenn der Mensch geboren wird, ist er weich und schwach; wenn er stirbt, ist er fest und starr ... Sind die Waffen stark, dann siegen sie nicht." (76) "Wer etwas macht, zerstört es; wer etwas festhält, verliert es." (64) "Wuwei" – Handeln durch Nichtstun : "Man knetet Ton zum Trinkgefäß; dort, wo keiner ist, ist des Gefäßes Nutzen ... das Nichtsein macht brauchbar." (11) Konzise aphoristisch konzipierte Paradoxe fand Laotses Schüler oder Lehrer *Chuang-tse* : "Im Traum suchte er den Traum zu deuten ... dass ich dich einen Träumenden nenne, ist auch ein Traum." ("Das wahre Buch vom südlichen Blütenland", Kap. 11/10) "Jedermann weiß, wie nützlich es ist, nützlich zu sein, und niemand weiß, wie nützlich es ist, nutzlos zu sein." (IV, 8). "So verschaffte ihm seine körperliche Verkrüppelung seinen Lebensunterhalt; wieviel mehr wird der davon haben, der Krüppel im Geiste zu sein."

Drei Quasi-Drabbles
Crash-Krach

Ein Crash ist irgendetwas zwischen Börsenkrach, Straßenunfall, Computer- oder Flugzeugabsturz, Schnellkurs und Crashtest bei kontrollierten Autokollisionen. Er ist fast zu verwechseln mit dem "Clash of Civilizations" von *Samuel Huntington*, dem prophezeiten Kulturzusammenprall von westdemokratischem Atheismus und proletarischer Weltreligion, um die "soziale Frage" in der Welt weltweit einer entscheidenden Antwort näher zu bringen.

Einen kultivierten Crash nennt man Konflikt. Dafür haben gleich alle Leute probable Patentrezepte, wie so etwas „mit etwas Vernunft und gutem Willen einvernehmlich entschärft" oder gar "gütlich beigelegt und gelöst" werden könnte, wenn ...

Leider wird meist solche Gutmenschen-Konfliktbewältigungsstrategie selber die Katastrophe, die damit verhütet werden soll.

Akku oder Batterie?

Karl Marx sprach von Kapitalakku(mulation), denn Kapital ist das allgemeine Vermögen, alles Beliebige tun zu können, ohne etwas Bestimmtes tun zu müssen – wie der Staat nichts als ein allgemeiner Zweck-Akku ist oder sein sollte.

Wer geladen hat, ist kein Alkoholakku, doch wer geladen ist, schon eher ein Wutakku. Eine Batterie allerdings ist ein Geschützverbund als geballter Energiespeicher, der zivil wenig nützlich ist.

Alles hat eine begrenzte Speicherkapazität, auch das Gehirn, das mancher "neuronal vernetzte" Zeitgenosse als Gedächtnis- statt Gedankenakku missversteht. E-Mobile laufen mit Akkus, die mehr Energie verbrauchen, als sie speichern können, und den Erdakku langsam mit auszusaugen helfen.

Perpetuum automobile

Ein Autobiograph schreibt die Biographie
seiner Autos.

Autokratie ist Alleinherrschaft des PKW.
Freie Autobahn dem Sehnsüchtigen!

Die Autonomie der Person hat die Stufe
des automobilisierten Autismus erreicht ist.
Man ist autosexuell und fährt Heteromobil.

Autonomie ohne Automobil und Automaten
ist heute bloß Autismus. Man lässt Menschen
und Autos warten.

Autos rasen –
vor Wut auf Spaziergänger und Radfahrer.

Autofahrer nehmen täglich Mord und Totschlag
billigend in Kauf.

Autos und Flieger entfernen sich rasend rasch
von allem Erlebenswerten und Sehenswürdigen.

Hätte jeder ein Auto, würden alle ersticken.

Wut der Autos auf Fußgänger oder der Fahrrad-
fahrer auf Autos heißt "Autoaggressionskrankheit".

Philosophische Grundbibliothek

Chuang-tsi: „Das wahre Buch vom südlichen Blütenland"

L. Annaeus Seneca : „Briefe an Lucilius"

Michel de Montaigne : „Essais"

Imm. Kant : „Grundlegung zur Metaphysik der Sitten"

S. Maimon : „Versuch einer neuen Logik ... " (1794)

G. Fr. Hegel : „Phänomenologie des Geistes" / „Ästhetik"

Arthur Schopenhauer : „Aphorismen zur Lebensweisheit"

Friedrich Nietzsche : „Menschliches, Allzumenschliches"

Nicolai Hartmann : „Das Problem des geistigen Seins"

Hedwig Conrad-Martius : „Der Selbstaufbau der Natur"

Th. Adorno : „Minima moralia" / „Ästhetische Theorie"

Jean-Paul Sartre : „Der Idiot der Familie"

Hermann Schmitz : „Der unerschöpfliche Gegenstand" /
„Der Weg der europäischen Philosophie"

I.M. Bochenski / A. Menne : „Grundriss der Logistik"

Hans Blumenberg : „Wirklichkeiten, in denen wir leben",
„Die Vollzähligkeit der Sterne"

Übersicht zum Gesamtwerk

Zwischen **Unterschicht**-Herkunft („Herren tut es leid, Knechten tut es weh") und religiösem **Himmelhoch** („Der Ewige und sein Urprojekt", „Neuer Cherubinischer Wandersmann") hier die drei Säulen eines lebenslangen Schreibprojekts:

1. *Tiefenpsychologie der Philosophie* („Wenn die Seele auf den Geist geht", „Heideggers philosophischer Eros")

2. *Satiren* (Essay- und Aphorismenbände)

3. *Idyllen* („Aufsätze zur logischen Form", „Zur Dialektik und Phänomenologie der Natur- und Kulturidyllen" und „Glückliche Idyllen kontemplativen Lebens im Elfenbeinturm")

   Karl Poppers „Drei Welten" : (Idyllische) Physis, (kritische) Ideen und (philosophische) Psyche.

Sekundärliteratur zum Aphorismus

Gerhard Neumann (Hg.): „Der Aphorismus.
Zur Geschichte, zu den Formen und Möglichkeiten
einer literarischen Gattung", Darmstadt 1976

„Ideenparadiese. Untersuchungen zur Aphoristik
von Lichtenberg, Novalis, Friedrich Schlegel und
Goethe", München 1976

Peter Krupka: „Der polnische Aphorismus",
München 1976

Hans Peter Balmer: „Philosophie der menschlichen
Dinge. Die europäische Moralistik", Bern 1981

Harald Fricke: „Aphorismus", Stuttgart 1984

Gisela Febel: „Aphoristik in Deutschland und
Frankreich", Frankfurt/Main 1985

Klaus von Welser: "Die Sprache des Aphorismus",
Frankfurt/M. 1986

Heinz Krüger: „Über den Aphorismus
als philosophische Form", Frankfurt/M. 1988

Werner Helmich: „Der moderne französische
Aphorismus", Tübingen 1991

Stefan Fedler: „Der Aphorismus. Begriffsspiel
zwischen Philosophie und Poesie", Stuttgart 1992

Paul Geyer / Roland Hagenbüchle: „Das Paradox",
Tübingen 1992, Würzburg 2002²

Thomas Stölzel: „Rohe und polierte Gedanken.
Studien zur Wirkungsweise aphoristischer Texte",
Freiburg 1998

Lada Lubimova: „Struktur und Funktion des Aphorismus : eine textlinguistische Studie", Bremen 1998

Robert Zimmer: „Die europäischen Moralisten",
Hamburg 1999

Michael Esders: „Begriffs-Gesten. Philosophie als
Kurze Prosa von Friedrich Schlegel bis Adorno",
Frankfurt/Main 2000

Rüdiger Zymner: „Aphorismus", In: Kleine literari-
sche Formen in Einzeldarstellungen, Stuttgart 2002

Friedemann Spicker: „Kurze Geschichte
des deutschen Aphorismus", Tübingen 2007

„Die Welt ist voller Sprüche. Große Aphoristiker im
Porträt", Bochum 2010

Rolf Friedrich Schuett : „Aphorismus − Philosophischer Gehalt in literarischer Gestalt", 2019

Aphoristiker sind im Bilde